Monique Maury

Heureux Comme Thomas

Monique Maury

Heureux Comme Thomas

Heureux Serez-Vous !...

Éditions Croix du Salut

Impressum / Mentions légales
Bibliografische Information der Deutschen Nationalbibliothek: Die Deutsche Nationalbibliothek verzeichnet diese Publikation in der Deutschen Nationalbibliografie; detaillierte bibliografische Daten sind im Internet über http://dnb.d-nb.de abrufbar.
Alle in diesem Buch genannten Marken und Produktnamen unterliegen warenzeichen-, marken- oder patentrechtlichem Schutz bzw. sind Warenzeichen oder eingetragene Warenzeichen der jeweiligen Inhaber. Die Wiedergabe von Marken, Produktnamen, Gebrauchsnamen, Handelsnamen, Warenbezeichnungen u.s.w. in diesem Werk berechtigt auch ohne besondere Kennzeichnung nicht zu der Annahme, dass solche Namen im Sinne der Warenzeichen- und Markenschutzgesetzgebung als frei zu betrachten wären und daher von jedermann benutzt werden dürften.

Information bibliographique publiée par la Deutsche Nationalbibliothek: La Deutsche Nationalbibliothek inscrit cette publication à la Deutsche Nationalbibliografie; des données bibliographiques détaillées sont disponibles sur internet à l'adresse http://dnb.d-nb.de.
Toutes marques et noms de produits mentionnés dans ce livre demeurent sous la protection des marques, des marques déposées et des brevets, et sont des marques ou des marques déposées de leurs détenteurs respectifs. L'utilisation des marques, noms de produits, noms communs, noms commerciaux, descriptions de produits, etc, même sans qu'ils soient mentionnés de façon particulière dans ce livre ne signifie en aucune façon que ces noms peuvent être utilisés sans restriction à l'égard de la législation pour la protection des marques et des marques déposées et pourraient donc être utilisés par quiconque.

Coverbild / Photo de couverture: www.ingimage.com

Verlag / Editeur:
Éditions Croix du Salut
ist ein Imprint der / est une marque déposée de
OmniScriptum GmbH & Co. KG
Heinrich-Böcking-Str. 6-8, 66121 Saarbrücken, Deutschland / Allemagne
Email: info@editions-croix.com

Herstellung: siehe letzte Seite /
Impression: voir la dernière page
ISBN: 978-3-8416-9923-7

Copyright / Droit d'auteur © 2014 OmniScriptum GmbH & Co. KG
Alle Rechte vorbehalten. / Tous droits réservés. Saarbrücken 2014

HEUREUX COMME THOMAS

Monique Maury

HEUREUX SEREZ-VOUS !...

Introduction

HEUREUX COMME THOMAS

Heureux qui, comme Thomas, reconnaît son Seigneur et son Dieu, en Jésus Ressuscité et Vivant pour toujours ! Ce livre est pour vous faire connaître toute la Joie du Coeur de Dieu que le Seigneur lui-même veut nous partager en réponse à la question universelle :

Qui nous fera voir le bonheur ?
Seigneur, mon Dieu, mon salut,
Dans cette nuit où je crie en Ta Présence.
Que ma prière parvienne jusqu'à Toi,
Ouvre l'oreille à ma plainte.
Car mon âme est rassasiée de malheur,
Ma vie est au bord de l'abîme ;
On me voit déjà descendre à la fosse
Je suis comme un homme fini.
(Psaume 88,1-6)

Moi, je crie vers Toi Seigneur !
Dès le matin, ma prière Te cherche
(Psaume 88, 14)
« Le Seigneur lui-même nous donnera le Bonheur »
(Psaume 83-13)
« Alors vous vivrez, vous aurez bonheur et longue vie »
(Deutéronome 5-33)
"Ne pleurez plus, ne soyez plus dans la tristesse,
La Joie de Dieu sera votre force"(Esdras)

CHAPITRE 1
QUI NOUS FERA VOIR LE BONHEUR ?

Que veut voir le bonheur ? Ils sont nombreux à dire : « Qui nous fera voir le bonheur ? » (Psaume 4,7). Tout homme, tout enfant, tout bébé cherche la satisfaction, la joie et le bonheur ! Nous sommes créés pour le bonheur sur la terre avant d'entrer " de venir se réjouir avec notre maître " (Matthieu 25-23) La joie, sur la terre, nous est donnée par Dieu, qui en Jésus nous enseigne le chemin. En effet : Jésus a dit :

« Je Suis le Chemin, la Vérité, la Vie,
et nul ne va au Père sans passer par Moi » (Jean 14-6).

C'est pourquoi, celui qui cherche son bonheur en dehors du Seigneur verra bien vite la finitude de ses espoirs et réalisations et il se posera la question : " est-ce que je suis aimé, pour moi-même ? " Le bonheur sur la terre découle-t-il pour lui, du seul amour humain. « L'homme ne peut pas vivre seul » nous dit Dieu, c'est pourquoi, IL a fait une aide qui lui ressemble. Mais l'homme a été créé par l'Amour de Dieu, pour vivre sous son regard, s'il le veut bien, et ainsi entrer dans cette Joie Eternelle, après cette vie terrestre. Quand une personne se sait aimée de Dieu, elle ne craint plus rien, ni l'épreuve, ni la solitude. Une vieille dame me racontait que lorsque son mari la tracassait : elle disait, en levant les yeux au ciel « au moins, Lui, le Seigneur m'aime ! » Elle avait découvert la réalité profonde qui fait vivre. La joie intérieure découle de l'Amour de Dieu. Jésus est l'unique chemin de Joie. Nous avons donc la liberté de choisir notre chemin avec Jésus ou bien de refuser cette Joie Eternelle promise. Nous savons que notre vie aussi longue soit-elle, n'est que peu de choses face à « une Eternité de délices » comme nous le dit la Bible. Jésus, Fils Unique du Père nous a dit : « Celui qui veut sauver sa vie, la perdra...» (Matthieu 16-25) En effet, par nos propres forces, nous n'ajouterons pas un jour à nos jours : notre vie est passagère ; mais avec Jésus, nous sommes « sauvés gratuitement, par le moyen de la foi, vous n'y êtes pour rien, c'est le don de Dieu » (Ephésiens 2-8) Jésus avait dit à la samaritaine et nous redit : **« Si tu savais le don de Dieu et qui est Celui qui te demande à boire !... »** (Jean 4-10) Ne perdons pas notre temps ; nos jours sont comptés : découvrons Celui qui nous donne l'Eau Vive, c'est-à-dire l'Esprit Saint, qui nous ouvrira cette Eternité de Joie. N'ayons pas peur de la difficulté du chemin, car Jésus est le Chemin.

« Fais lever sur nous la Lumière de Ta Face, Seigneur
" Tu m'as mis plus de joie au cœur
Qu'au temps, où abondaient leur blé et leur vin
Pareillement comblé, je me couche et m'endors
Car Toi Seul Seigneur me fait demeurer en sécurité. »
(Psaume 4, 8-9)

« Et Moi, Je Suis avec vous,
Tous les jours, jusqu'à la fin des temps »
(Matthieu 28-20)

CHAPITRE 2
DESTINES AU BONHEUR

Nous sommes créés pour une Eternité de bonheur, puisque nous sommes créés à l'image de Dieu. Or Dieu donne la paix, la joie, la vie, la guérison, le salut et le bonheur d'être avec Lui. Mais la destinée de l'homme se joue dans le cœur de l'homme. Dieu veut associer l'homme à son œuvre de vie en Lui. C'est dans sa liberté que l'homme peut choisir Dieu ou LE refuser :

« **C'est la vie et la mort que j'ai mises devant vous. C'est la bénédiction et la malédiction. Tu choisiras la vie pour que tu vives, toi et ta descendance en aimant le Seigneur, ton Dieu et en écoutant sa voix et en t'attachant à Lui. C'est ainsi que tu vivras et que tu prolongeras tes jours...** (Deutéronome 30,15) « **Vois, Je mets devant toi la mort et le malheur, la vie et le bonheur... Choisis donc la vie !** » (Deutéronome 30,19)

Ta parole, Seigneur, est vérité, et ta loi, délivrance. « Béni soit l'homme qui met sa confiance dans le Seigneur, dont le Seigneur est l'espoir. Il sera comme un arbre planté au bord des eaux, qui étend ses racines vers le courant : il ne craint pas la chaleur, quand elle vient, et son feuillage reste vert; il ne redoute pas une année de sécheresse, car elle ne l'empêche pas de porter du fruit. Le cœur de l'homme est compliqué et malade !... Qui peut le connaître ? Moi, le Seigneur, qui pénètre les cœurs et qui scrute les reins, afin de rendre à chacun selon ses actes, selon les fruits qu'il porte. Parole du Seigneur. » (Du livre de Jérémie 17, 5-10)

Heureux l'homme qui met sa foi dans le Seigneur
(Psaume 40-5)

Que le Seigneur nous envoie son Esprit, car seul l'Esprit est capable de transformer notre cœur aveuglé et de l'accorder au Cœur de Dieu, tel qu'il s'est révélé en Jésus, qui dira : **« Je Suis Venu pour que vous ayez la Vie et la Vie en abondance »** (Jean 10-10)

Scrute-moi, mon Dieu, et tu connaîtras mon cœur ; Vois si le mal ne fait pas en moi son chemin et conduis-moi sur le chemin de l'éternité. Saint Bruno nous explique que : *« Le bonheur, personne ne peut l'atteindre par lui-même, il faut qu'il ait l'espérance, la foi et l'amour. »* Le curé d'Ars disait : *« Notre unique bonheur sur la terre est d'aimer Dieu et de nous savoir aimés par Lui »*

CHAPITRE 3
JE VOUS ANNONCE UNE GRANDE JOIE

Avant de toucher la terre où nous vivons, la Joie habite le ciel où vivent les anges, les archanges et créatures des Cieux, mais aussi tous ceux qui ont reconnu le Seigneur et ont vécu ici-bas selon la Parole de Dieu. Pendant plusieurs centaines d'années, les prophètes avaient annoncé un libérateur pour le peuple hébreu... Or on savait par une des nombreuses prophéties, que le Messie c'est-à-dire le Sauveur devrait naître d'une femme, vierge : Dans l'Evangile de Jésus Christ de saint Luc, (2, 1-15) nous lisons : « En ces jours-là parut un édit de l'empereur Auguste, ordonnant de recenser toute la terre. Ce premier recensement eut lieu lorsque Quirinus était gouverneur de Syrie. Et chacun allait se faire inscrire dans sa ville d'origine. Joseph, lui aussi, quitta la ville de Nazareth en Galilée pour monter en Judée à la ville de David. Il venait se faire inscrire avec Marie, son épouse qui était enceinte. Or pendant qu'ils étaient là arrivèrent les jours où elle devait enfanter. Et elle mit au monde son fils premier né; elle l'emmaillota et le coucha dans une mangeoire, car il n'y avait pas de place pour eux dans la salle commune. Dans les environs se trouvaient des bergers qui passaient la nuit dans les champs pour garder leur troupeau. L'ange du Seigneur s'approcha et la Gloire du Seigneur les enveloppa de Sa Lumière. Ils furent saisis d'une grande crainte, mais l'ange leur dit : « Ne craignez pas, car voici je viens vous annoncer une Bonne Nouvelle, une grande joie pour tout le peuple : aujourd'hui vous est né un Sauveur, dans la ville de David. IL est le Messie, le Seigneur. Et voilà le signe qui vous est donné : vous trouverez un nouveau-né emmailloté et couché dans une mangeoire" Et soudain, il y eut avec l'ange, une troupe céleste qui louait Dieu en disant : « **Gloire à Dieu au plus haut des Cieux et paix sur la terre aux hommes qu'IL aime** » (Luc 2,1-15)

Les plus grands des miracles sont l'incarnation et la naissance de Jésus, Fils de Marie et Fils du Père par l'Esprit. C'est la Présence et la Gloire de Dieu en cette terre ! La Joie du Ciel est venue sur terre dans la reconnaissance du Seigneur Jésus. Cette Joie profonde habite tous ceux qui ont reconnu leur Sauveur en Jésus qui a pris chair de la Vierge Marie. Il n'y a plus de mot pour réaliser la grandeur l'incarnation du Seigneur, il ne reste plus que l'adoration et la louange qui devient balbutiement devant un tel abaissement pour nous les hommes, ses enfants d'adoption… Mais la joie dilate alors nos cœurs et ne cesse plus de les dilater, sous l'action de l'Esprit Saint qui fait son œuvre en nous. Nous devenons alors comme un enfant ébloui par tant de tendresse : **« Car Dieu a tant aimé le monde qu'il a donné son Fils unique, afin que quiconque croit en lui ne se perde pas, mais ait la vie éternelle. Car Dieu n'a pas envoyé son Fils dans le monde pour juger le monde, mais pour que le monde soit sauvé par Lui. »** (Jean 3, 16-17)

Commencement de la première lettre de st Jean : « Ce qui était depuis le commencement, ce que nous avons entendu, ce que nous avons contemplé de nos yeux, ce que nous avons vu et que nos mains ont touché, c'est le Verbe, la Parole de la vie. **Oui, la Vie s'est manifestée, nous l'avons contemplée,** et nous portons témoignage : nous vous annonçons cette Vie Eternelle qui était auprès du Père et qui s'est manifestée à nous. Ce que nous avons contemplé, ce que nous avons entendu, nous vous l'annonçons à vous aussi, pour que vous aussi, vous soyez en communion avec nous. Et nous, nous sommes en communion avec le Père et avec son Fils, Jésus Christ. Et c'est nous qui écrivons cela afin que nous ayons la plénitude de la joie.

Le Verbe s'est fait chair et nous avons vu Sa Gloire !

CHAPITRE 4
LA SOURCE DE LA JOIE
EST DANS LE SEIGNEUR

La source du vrai bonheur est dans le Christ. En effet dans le coeur de tout homme, il y a une soif que rien ne peut apaiser ici-bas, sinon Dieu lui-même. Or le Christ est l'homme parfait de qui vient tout bien, c'est-à-dire la délivrance du mal, la guérison, le salut, le bonheur éternel. Il est possible d'essayer d'apaiser ce désir profond par des biens de ce monde, mais le désir est toujours là !... Nous sommes insatisfaits, car au fond de notre coeur, il y a cette image de Dieu qui nous appelle à la ressemblance avec le Christ. Dans le psaume 42-3, on lit :

« **Mon âme a soif du Dieu Vivant,**
Quand Le verrais-je face à face ? »

Saint Augustin avait goûté cette soif et disait : « Tu nous as faits pour Toi, Seigneur et notre coeur est sans repos, tant qu'il ne demeure en Toi » Certes ce n'est pas dans la facilité que pourra se faire cette rencontre, mais dans une recherche sincère de Dieu. Jésus dit : « Celui qui veut me suivre, qu'il renonce à lui-même, qu'il prenne sa croix, et qu'il Me suive » (Matthieu 16-24) Le prophète Sophonie (3/14-18) nous affirme : « Ton Dieu est au milieu de toi. IL exultera pour toi de joie avec des cris de joie comme aux jours de fête » Ceux qui pleurent dans le deuil, peuvent-ils imaginer que le Seigneur va changer leur deuil en Joie et pourtant c'est ce qu'IL a fait pour moi...

" **Pour moi, Tu as changé le deuil en une danse !**
Tu dénouas mon sac et me ceignis d'allégresse...
Aussi mon cœur Te chantera sans plus se taire "
Seigneur mon Dieu, je te louerai à jamais.
(Psaume 30,12-13)

« Exauce ma prière, sois propice à ta part d'héritage et tourne notre deuil en joie, afin que nous vivions pour chanter ton nom, Seigneur. Et ne laisse pas disparaître la bouche de ceux qui te louent. » (Esther 4, 17-h)

Dès que je me mets à chercher DIEU, mon cœur est dans la paix et joie. **« Tu ne me chercherais pas si tu ne m'avais pas trouvé » « Dans la joie est le cœur de ceux qui cherchent Dieu »** (1Chroniques 16-10) Ben Sirac le Sage écrit : « La joie du cœur, voilà la vie de l'homme » « Que Dieu nous donne la joie du cœur. (Siracide 50, 22-23) C'est une joie imprenable. **« Je trouverai ma joie à leur faire du bien »** dit le Seigneur, et je les planterai solidement en ce pays, de tout mon coeur et de toute mon âme. » (Jérémie 32, 41) « La joie du Seigneur sera votre force » (Néhémie 8-10) Voilà pourquoi il faut se tourner vers Le Seigneur « pour rayonner de joie ! (Psaume 34-6) « Criez de joie les justes pour le Seigneur » (Psaume 33-1) « En Lui, la joie de notre cœur » (Psaume 33-21) L'apôtre Jean écrivait aux Chrétiens : « Tout ceci, nous vous l'écrivons pour que votre joie soit complète » (1 Jean 1-4) Notre Seigneur Jésus, le jeudi saint, a prié pour que nous ayons la joie : « Mais maintenant Père, Je viens vers Toi et Je parle ainsi dans le monde, afin qu'ils aient en eux-mêmes ma joie complète » (Jean 15-11 et 17-13) Après notre jugement, le Seigneur nous dira : **« Entre dans la joie de ton Seigneur, bon et fidèle serviteur »** (Matthieu 25-21-23) Quand on a rencontré notre Créateur et Sauveur, notre plus cher désir est alors qu'IL soit reconnu et aimé par tous ! Nous-mêmes, nous désirons alors faire Sa Volonté et non plus la nôtre, car nous avons découvert que Dieu est Père et ne veut que le Bonheur de ses enfants. Sa Volonté sur nous est une volonté d'amour. C'est ainsi que le renoncement se transforme en joie profonde !... Jésus proclame « heureux » ceux qui sont accablés : **« Vous aussi vous voilà tristes, mais Je vous reverrai de nouveau et votre cœur sera dans la joie et votre joie, personne ne pourra vous la ravir »** (Jean 16-22) **« Heureux êtes-vous, quand les hommes vous haïront, quand ils vous frapperont d'exclusion et qu'ils insulteront votre nom comme infâme à cause de Moi, dit Jésus. Réjouissez-vous ce jour-là, tressaillez d'allégresse »** (Matthieu 5, 11)

CHAPITRE 5

MA JOIE SERA DE LES COMBLER

« Ma joie sera de les combler de biens » dit le Seigneur
(Jérémie 31, 41)

Qui pense que Dieu veut nous combler de biens ? Qui croit vraiment que Dieu est bon et pense à nous ? Et pourtant, le Seigneur Jésus connaissant nos épreuves, nos soucis, nos deuils, nous dit : « Venez à Moi, vous tous qui peinez et ployez sous le fardeau et Je vous donnerai le repos. Prenez sur vous mon joug et mettez-vous à mon école, car Je Suis doux et humble de coeur, et vous trouverez le repos de vos âmes. Oui, mon joug est facile à porter et mon fardeau léger. » (Matthieu 11-28) « Si vous observez mes commandements, vous demeurez dans mon amour... Je vous dis cela pour que ma Joie soit en vous et que votre joie soit parfaite » (Jean 15,10-11) Allons vers le Seigneur ! Lui seul pourra alléger notre fardeau. Vers celui ou celle qui pleure, Jésus aura pitié et dira : « Ne pleure pas » « Je te donnerai de l'huile de joie, au lieu d'un vêtement de deuil » (Isaïe 61-3) Mais reconnaîtras-tu cette joie qui ne peut venir que de Dieu ?

« Tu me fais connaître la route de la vie ;
La joie abonde près de Ta face,
A Ta droite, les délices éternelles »
(Psaume 16-11)

Gardez courage, enfants, criez vers Dieu, car Celui qui vous a conduit là, se souviendra de vous. Comme vous avez eu le dessein de vous écarter de Dieu, eh ! bien, une fois converti, décuplez vos efforts à Le chercher ! (Baruch 4-27) « C'est ainsi, Je vous le déclare, dit Jésus, qu'il y a plus de joie chez les anges de Dieu pour un seul pécheur qui se convertit » (Luc 15, 10) « Que votre âme se réjouisse de la

Miséricorde du Seigneur et n'ayez pas de honte de Le louer » (Siracide 51, 29) « Vous serez tristes, mais votre tristesse se changera en joie » (Jean 16-20) « Criez de joie pour Dieu notre force, acclamez le Dieu de Jacob » (Psaume 81-2) « Maître, tu m'avais confié deux talents, voici deux autres talents que j'ai gagnés. Son maître lui dit : « Bon et fidèle serviteur, tu as été fidèle en peu de choses, sur beaucoup Je t'établirai, viens te réjouir avec ton maître. » (Matthieu 25-22) « Alors le roi dira à ceux qui sont à sa droite : « Venez les bénis de mon Père, recevez en partage le Royaume qui a été préparé pour vous depuis la fondation du monde. Car j'ai eu faim, et vous m'avez donné à manger ; j'ai eu soif et vous m'avez donné à boire ; j'étais un étranger et vous m'avez recueilli ; nu et vous m'avez vêtu ; malade et vous m'avez visité...» (Matthieu 25-34)

CHAPITRE 6
LA JOIE DU DON DE LA VIE

La joie est intimement liée à la vie ! Dans la mort il n'y a pas de joie. Généralement on se réjouis pour la naissance d'un premier né.

Mère Térésa dit que :
La vie est une chance, saisis-la
La vie est une beauté, admire-la
La vie est béatitude, savoure-la
La vie est un rêve, fais-en une réalité
La vie est un défi, fais-lui face
La vie est un devoir, accomplis-le
La vie est un jeu, joue-le
La vie est précieuse, prends-en soin
La vie est une richesse, conserve-la
La vie est amour, jouis-en
La vie est un mystère, perce-le
La vie est tristesse, surmonte-la
La vie est un hymne, chante-le
La vie est tragédie, prends-la à bras le corps,
La vie est aventure, ose-la
La vie est bonheur, mérite-la
La vie est la Vie, défends-la.

La vie est intimement mêlée à la mort, mais pour nous chrétiens la vie ne s'arrête pas à la mort : elle continue. Nous sommes sauvés par grâce, nous dit saint Paul dans sa lettre aux Ephésiens, au chapitre 2. La joie de la vie sur terre avec le Christ, éclot en la joie du Royaume où nous contemplerons Dieu, le Père et son Fils Jésus. C'est l'Esprit Saint qui nous fait vivre ici-bas et qui nous fera revivre ! Nous sommes sauvés par Jésus Christ. En Lui, par sa mort et sa résurrection, nous avons notre propre mort et notre propre résurrection. La joie de vivre est cette joie que « nul ne peut nous enlever » cette joie de la Vie Eternelle déjà commencée. « Celui qui veut sauver sa vie, la perdra ; mais celui qui perd sa vie, à cause de Moi et de l'Evangile, la sauvera.. Que pourrait donner l'homme qui ait la valeur de sa vie ? » (Marc 8, 35) C'est pourquoi notre pape Jean Paul II dans Evangelium Vitae, dit : « La souffrance et la mort font partie de l'expérience humaine… Chacun doit être aidé à en saisir le sens profond » Voilà ce que Jésus avait dit lui-même du Royaume : **« Père l'heure est venu, glorifie ton Fils afin que Ton Fils Te glorifie et que selon le pouvoir sur toute chair, que Tu lui as donné, IL donne la Vie Eternelle à tous ceux que Tu lui as donnés. Or la Vie Eternelle, c'est qu'ils Te connaissent, Toi, le Seul Vrai Dieu et Celui que tu as envoyé Jésus Christ »** (Jean 17, 1)

La mort n'est que ce passage vers la vie, où sauvés par la mort et la résurrection de Jésus, nous entrerons dans la claire vision du Royaume. Je veux voir Dieu, Le voir de mes yeux, je veux voir Dieu....

CHAPITRE 7

LA JOIE D'ETRE AIME PAR DIEU

« Voici comment s'est manifesté l'Amour de Dieu au milieu de nous : Dieu a envoyé son Fils Unique dans le monde afin que nous vivions par Lui. Voici ce qu'est l'Amour : ce n'est pas nous qui avons aimé Dieu ; c'est Lui qui nous a aimés et qui a envoyé son Fils en victime d'expiation pour nos péchés » (1 Jean 4, 9-11)

Jésus a donné sa vie par amour pour nous. Il n'y a pas d'Amour vrai sans pardon. Jésus, sur la croix, a invoqué son Père en disant :
« **Père, pardonne-leur, ils ne savent pas ce qu'ils font** »
Cet amour de Dieu est offert à tout homme qui l'accueille en son cœur. Pour cela, il est nécessaire de garder avec respect toute Parole de Dieu et de la mettre en pratique. Alors cette Parole produira en moi son fruit et me donnera la joie de me savoir aimée de Dieu. Croire en Dieu, c'est accorder sa vie sur l'Evangile. Par conséquent, comme le Christ, je dois pardonner de tout mon cœur à ceux qui m'ont blessée. Ainsi se réalisera cette Parole : « Si quelqu'un m'aime, il gardera Ma Parole, et mon Père l'aimera et nous viendrons vers lui et nous ferons une demeure chez lui » (Jean 14, 23) Ainsi en notre cœur habitera Dieu Amour. Nous aurons alors Sa Paix et Sa Joie.
« **Car Dieu est Amour. Qui demeure dans l'Amour, demeure en Dieu.** »
(1 Jean 4, 16)

Ceux qui commencent à soulever le voile sur l'Amour de Dieu ne peuvent que plonger dans un abîme de bonheur. Jésus dira à ses disciples : « Heureux les yeux qui voient ce que vous voyez » (Luc 10, 3) C'est-à-dire heureux celui qui reconnaît Jésus pour son Seigneur et Sauveur ! « Jésus leur dit : *« Et vous, qui dites-vous que je suis ?* » Prenant la parole Simon Pierre répondit : « Tu es le Christ, le Fils du Dieu Vivant » Jésus lui déclara : « Heureux es-tu Simon, fils de Jonas, ce n'est pas la chair et le sang qui t'ont révélé cela, mais mon Père qui est dans les cieux » Heureux donc celui qui découvre tout l'amour de Dieu pour lui. Comment ne pas fondre devant le Père qui nous donne un tel Sauveur pour nous faire parvenir tout contre son Cœur. Saint Jean dira : « Voyez de quel grand amour le Père nous a fait don, que nous soyons appelés enfants de Dieu et nous le sommes » (1 Jean 3, 1) Jésus dira à ses apôtres : « Si vous observez mes commandements, vous demeurerez dans mon Amour… **Je vous ai dit cela pour que ma joie soit en vous et que votre joie soit parfaite. Voici mon commandement : aimez-vous les uns, les autres, comme Je vous ai aimés.** Nul n'a de plus grand amour que celui qui se dessaisit de sa vie pour ceux qu'il aime » (Jean 15-9ss)

La joie vient de l'amour que nous mettons à demeurer dans l'Amour de Jésus, en écoutant et en observant ses paroles. L'Amour de Dieu est une source inépuisable ! « Car Eternel est son Amour ! » (Psaume 136)

Prière

Seigneur, dans ton amour, Tu m'avais déjà élu pour être avec Toi, dès le ventre de ma mère ! Aujourd'hui plus qu'hier, je veux me tourner vers Toi, car chaque jour me rapproche de ce grand jour où Tu te révéleras à moi, pour me faire passer de cette vie à Ton Eternité de délices ! Aujourd'hui, plus qu'hier, je sais que Tu connais tout : Quand je me lève, quand je m'assois, quand je dors. Dans Ta Tendresse, Tu es toujours là, auprès de moi, mais c'est moi qui n'étais pas avec Toi ! Aujourd'hui, plus qu'hier dans un mystère adorable, Tu veux Te donner à moi, ton enfant, dans l'Eucharistie ! Aujourd'hui plus qu'hier, je sais que Tu m'aimes d'un amour infini, qui ne passera jamais, car Tu as donné ta vie pour que j'entre dans ta Vie. J'entends Marie Madeleine crier en rentrant du tombeau :

IL EST VIVANT ! IL EST VIVANT !...
Celui que vous cherchez :
IL EST VIVANT !...
IL NOUS AIME INFINIMENT...
infiniment, infini...ment, infini...ment !...

J'exulte de joie à cause de Jésus, mon Sauveur !

CHAPITRE 8
LA JOIE D'ETRE SAUVE
DE LA MORT ETERNELLE

Si vous savez tout ce qui m'accable ! La joie a déserté mon cœur, me direz-vous.
« Tourne-toi vers moi, pitié pour moi, solitaire et malheureux que je suis. Desserre l'angoisse de mon coeur, hors de mes tourments tire-moi. Vois mon malheur et ma peine, efface tous mes égarements. » (Psaume 25, 16-18)

En effet, que de souffrances dans toute vie. Jésus lui-même nous a dit « de prendre notre croix pour Le suivre » Au milieu de tous nos tracas, nos épreuves, nos deuils, la voix de saint Paul résonne :

« **Tressaillez de joie**, même s'il faut que vous soyez attristés pour un peu de temps encore, par toutes sortes d'épreuves ; elles vérifieront la qualité de votre foi qui est bien plus précieuse que l'or, cet or, voué pourtant à disparaître, qu'on vérifie par le feu. Tout cela doit donner à Dieu, louange, gloire et honneur quand se révélera Jésus Christ, lui que vous aimez sans l'avoir vu, en qui vous croyez sans Le voir encore ; et vous tressaillez d'une joie inexprimable qui vous transfigure, car vous allez obtenir votre salut qui est l'aboutissement de votre foi. » (1 Pierre 1, 6-9)

Alors crions vers le Seigneur, : « Au jour de l'angoisse, je t'appelle, car tu me réponds, Seigneur » (Psaume 86, 7) Demandons ensemble au Seigneur une foi qui ne doute pas, une foi semblable à celle qui animait les martyrs torturés à cause de leur amour du Christ. Que dans notre esprit, habite cette parole : « **Moi, j'en suis sûr, je verrai les bontés du Seigneur sur la terre des vivants** » (Psaume 26) et encore : « Je sais moi, que mon défenseur est vivant, que le dernier, il surgira sur la poussière, et après qu'on aura détruit cette peau qui est la mienne, c'est bien dans ma chair que **je**

contemplerai Dieu. C'est moi qui Le contemplerai, oui, moi ! Mes yeux Le verront, Lui, et il ne sera pas étranger. Mon cœur en brûle au fond de moi » (Job 19-25) Ce livre de Job a été écrit environ 600 ans avant la résurrection de Jésus.

Saint Jean, l'apôtre bien aimé, écrit : « Voyez de quel grand amour, le Père nous a fait don, que nous soyons appelés enfants de Dieu ; et nous le sommes. Voilà pourquoi le monde ne peut pas nous connaître: il n'a pas découvert Dieu. Mes bien-aimés, dès à présent, nous sommes enfants de Dieu, mais ce que nous serons n'a pas encore été manifesté. Nous savons que lorsqu'IL paraîtra, nous Lui serons semblables, puisque **nous Le verrons tel qu'IL EST.** Et quiconque fonde sur Lui une telle espérance, se rend pur comme Lui est pur. » (1 Jean 3, 1-2) « Fils, venez m'écouter, je vous enseignerai la crainte du Seigneur. Qui donc aime la vie ? Veut-il voir des jours heureux ? (Psaume 34-12) L'amour du Christ nous étreint, à cette pensée qu'un seul est mort pour tous...» (2 Corinthiens 5, 14) **« Celui qui croit en Moi, même s'il meurt, vivra »** (Jean 11, 25) « Car nous le savons, si notre demeure terrestre qui n'est qu'une tente se détruit, nous avons un édifice, œuvre de Dieu, une demeure éternelle dans les cieux. » (2 Corinthiens 5, 1) « Et tu diras, en ce jour-là : Je te loue, Seigneur, car tu as été en colère contre moi. Puisse ta colère se détourner, puisses-tu me consoler. Voici le Dieu de mon salut : j'aurai confiance et je ne tremblerai plus, car ma force et mon chant c'est le Seigneur, il a été mon salut. Dans l'allégresse, vous puiserez de l'eau aux sources du salut ». (Isaïe 12, 1-3)

> « Alors je jubilerai à cause du Seigneur
> J'exulterai, joyeux d'être sauvé. »
> (Psaume 35, 9)

CHAPITRE 9
LA SOIF DE DIEU

Dans le cœur de tout homme, il y a une soif de joie et de bonheur, qui sont en réalité une soif de Dieu. Le Bonheur ici-bas est fugace, incomplet, tandis que la Joie de Dieu est durable, éternelle :

> **" Mon âme a soif de Dieu, le Dieu Vivant ;**
> Quand pourrai-je m'avancer, paraître face à Dieu...
> Je n'ai d'autre pain que mes larmes...
> Pourquoi te désoler O mon âme, et gémir sur moi ?
> De nouveau je rendrai grâce :
> **IL est mon Sauveur et mon Dieu.**
> (Psaume 41)

Le Seigneur a fait connaître à son peuple choisi, la pauvreté, afin que tous les hommes puissent découvrir par eux-mêmes cette soif : « Le Seigneur t'a fait connaître la pauvreté, IL t'a fait sentir la faim, et IL t'a donné à manger de la manne, pour te faire découvrir que « l'homme ne vit pas seulement de pain, mais de toute Parole qui vient de la bouche du Seigneur... Souviens-toi du Seigneur Ton Dieu. » (Deutéronome 3, 8-18)

> Le Christ Jésus dira cette Parole
> **« Je Suis le Chemin, la Vérité et la Vie »**

Cette soif de Bonheur, cette soif de Dieu ne peut être assouvie que dans le Christ qui se fait Chemin, qui est la Vérité et qui donne la Vie Eternelle à qui IL veut ! Entends

Jésus te dire comme à la samaritaine : « **Si tu savais le don de Dieu,** si tu connaissais Celui qui te dit : « Donne-moi à boire » c'est toi, qui lui aurais demandé, et IL t'aurait donné de l'eau vive » (Jean 4, 7)

Lui Seul, le Seigneur Jésus peut assouvir notre soif profonde ; n'a-t-il pas dit
« Qui croît en Moi, n'aura jamais soif »

« Celui qui a Dieu, a tout » disait sainte Thérèse d'Avila. En effet, celui qui connaît Dieu, connaît déjà la joie. « Ne te laisse pas aller à la tristesse » (Siracide 30-21) Jésus n'a-t-il pas donné sa joie à ses apôtres, avant qu'ils soient plongés dans l'épreuve de Sa Mort ? Avons-nous confiance dans les Paroles de Jésus qui viendront assouvir notre soif de Dieu ? « Oui, grâce et bonheur me pressent tous les jours de ma vie ; ma demeure est la maison du Seigneur YHWH en la longueur des jours. » (Psaume 23, 6)

CHAPITRE 10

JOIE POUR CEUX QUI CHERCHENT DIEU

« Célébrer le Seigneur, proclamez son Nom,
Faites connaître ses exploits parmi les peuples.
Chantez pour Lui, jouez pour Lui ;
Redites tous ses miracles.
Soyez fiers de son Saint Nom et joyeux,
Vous qui recherchez le Seigneur !
Cherchez le Seigneur et Sa Force,
Recherchez toujours Sa Face. »
(1 Chroniques 16, 8-10)

« Joie au Ciel ! Exulte la terre !
Que tous les arbres des forêts crient de joie »
(1 Chroniques 16, 31-33)

La joie est la part de ceux qui cherchent Dieu ; de ceux qui ont le coeur pur ! La vierge Marie après l'annonce, par l'ange, qu'elle enfantera le Fils du Très Haut, est allée rencontrer sa cousine Elisabeth, qui a exulté avec l'enfant dans son sein. La joie d'Elisabeth d'être mère dans sa vieillesse s'exprime par la reconnaissance que cette joie vient de Dieu : Comment m'est-il donné que vienne à moi la mère de mon Seigneur ? Car lorsque ta salutation a retenti à mes oreilles, voici que **l'enfant a bondi d'allégresse** en mon sein. Bienheureuse celle qui a cru, ce qui lui a été dit de la part du Seigneur, s'accomplira. (Luc 1-45) Alors Marie redit toute sa louange au Seigneur duquel vient toute joie :

> « **Mon âme exalte le Seigneur**
> **et mon esprit s'est rempli d'allégresse,**
> **à cause de Dieu, mon Sauveur,**

parce qu'IL a porté son regard sur son humble servante. Oui, désormais toutes les générations me proclameront Bienheureuse, parce que le Tout Puissant a fait pour moi de grandes choses **Saint est Son Nom** ! Sa Miséricorde s'étend de génération en génération, sur ceux qui Le craignent » (Luc 1, 46ss)

Mais me direz-vous la joie de la Vierge Marie et la joie d'Elisabeth sont exceptionnelles ! En effet !... cependant nous sommes tous créés à l'image de Dieu et par cette qualité nous sommes créés par le Seigneur de la Joie. De plus, ceux qui ont donné leur coeur au Seigneur ont reçu par le baptême la grâce ou plutôt le pouvoir d'être « enfant de Dieu » Alors de ce fait, nous sommes appelés à connaître Dieu et la joie qui vient de LUI.

> « **Qu'ils exultent de joie à cause de Toi,**
> Tous ceux qui Te cherchent ! Qu'ils ne cessent de dire :
> « Le Seigneur est grand » ceux qui aiment ton salut. »
> (Psaume 40, 17

CHAPITRE 11
HEUREUX COMME THOMAS

Nous entrons dans l'œuvre du Seigneur quand nous croyons à ce qu'IL veut réaliser en nous, avec notre participation et notre pleine volonté. Que faut-il faire pour recevoir cette plénitude de vie. Dans les actes des apôtres, il est dit : **« Crois au Seigneur Jésus et tu seras sauvé »** (Actes 16-31) Dans l'Evangile de Jésus Christ, selon St Jean, nous lisons : « L'un des douze, Thomas (dont le nom signifie jumeau) n'était pas avec les disciples quand Jésus était venu. Les autres disciples lui disaient : **« Nous avons vu le Seigneur ! »** mais il leur déclara : « Si je ne vois dans ses mains la marque des clous, si je ne mets mon doigt à l'endroit des clous, si je ne mets la main dans son côté, non je ne croirai pas ! » Huit jours plus tard, les disciples se trouvaient de nouveau dans la maison et Thomas était avec eux. Jésus vient alors que les portes étaient verrouillées, et IL était là au milieu d'eux. IL dit : « La paix soit avec vous ! » Puis IL dit à Thomas : « Avance ton doigt ici et vois mes mains ; avance ta main et mets-la dans mon côté : cesse d'être incrédule, sois croyant » Thomas lui dit alors :

« Mon Seigneur et mon Dieu »

Jésus lui dit : « Parce que tu m'as vu, tu crois.

Heureux ceux qui croient sans avoir vu. »

Ce qu'on voit, en effet, ne produit pas la foi mais la constatation. Thomas a vu les plaies du Seigneur et les a touchées Mais ce qu'il a cru, n'était pas ce qu'il a vu. Car la divinité ne peut être vue par l'homme mortel. C'est donc l'homme Jésus qu'il a vu, et c'est Dieu qu'il a reconnu en disant : **« Mon Seigneur et mon Dieu »** Thomas a vu !... Thomas a cru !... Grâce à lui je peux croire aujourd'hui que par Jésus, la mort est vaincue pour toujours !... Le monde a besoin de connaître cette puissance de notre Dieu, qui a le pouvoir de changer la mort en vie. Jésus n'a-t-il pas dit que : « C'est l'Esprit qui fait vivre et que Ses Paroles sont Esprit et Vie. »

CHAPITRE 12
DANS LE SEIGNEUR
LA JOIE DE NOTRE CŒUR

En lui, la joie de notre coeur
Psaume 33, 21

Si nous suivons le Seigneur Jésus, voici sa façon de nous combler de joie :
« **Je trouverai ma joie à leur faire du bien** » (Jérémie 32,41)
« **Je les comblerai de joie dans ma maison de prière** » (Isaïe 56,7)
« **Je vous dis cela pour que ma joie soit en vous, dit Jésus** » (Jean 15,11)
« **Et votre coeur sera dans la joie et votre joie, nul ne vous l'enlèvera** » (Jean 16,22)

Nous sommes créés pour cette joie et ce bonheur auxquels nous aspirons tous, et qui nous sont donnés par la Présence de Dieu en nous. Dès que Jésus apparaît à ses apôtres, Il dit : « Ne craignez pas. » De même nous pouvons lire dans les actes des apôtres chapitre 2 verset 28 : « **Tu me rempliras de joie par Ta Présence** » et au psaume 16 versets 8 à 11 : « **Tu me fais connaître la route de la vie la joie abonde près de ta face** »

Nous sommes vraiment créés pour goûter ces délices éternelles que nous ne voyons pas encore, mais que tous les saints connaissent en louant leur Créateur et Sauveur. La difficulté de ce chemin de louange sur la terre est qu'il passe par un chemin de foi obscur, de confiance de l'enfant dans son Papa Bon Dieu : « le chemin de la louange passe par la pauvreté et le dépouillement « dit Nelly Astelli. Mais Jésus nous dit :

« Heureux les pauvres,
le Royaume de Dieu est à vous »

(Luc 6,20)

Nous sommes des pauvres, bienheureux de connaître Dieu... Lui si riche de toutes sortes de grâces. Cependant il nous faut accepter cette pauvreté pour être rempli par la Richesse infinie qui fait éclore notre louange. Si nous sommes riches de nos certitudes, nous ne pourrons pas être remplis de cette louange toute simple des enfants de Dieu, heureux d'avoir un tel Père !... Jésus, par son sang, nous dit l'apôtre Paul, « a fait de nous des fils adoptifs. » Nous valons le sang précieux de Jésus !... **« Nous sommes lavés dans le sang de l'Agneau »** (Apocalypse 7,14) Nous sommes fils et en qualité de fils, nous pouvons entrer dans la louange par ce même Esprit, qui est toute louange entre le Père et le Fils. Par la louange, qui est découverte de la paternité de Dieu nous entrons déjà par la foi, dans la joie, de la Présence de Dieu qui nous crée et nous sauve. Nous pouvons alors avec la certitude d'être vraiment inscrits dans le cœur de Dieu abandonner toutes nos difficultés, toutes nos peurs, nos angoisses, nos deuils, sachant que notre Père sait tout, et saura tirer un bien d'un mal. Nous découvrons aussi que nous devons faire la volonté du Père, non comme une obligation sèche et rigide, mais comme une recommandation de l'amour paternel pour ses enfants... Le Seigneur sait mieux que nous ce qu'il nous convient. Il choisira toujours ce qu'il y a de meilleur pour ses enfants, bien que les conditions extérieures puissent être contraires ou difficiles. Mieux qu'un père de la terre, Il donnera ce qu'il y a de meilleur : « Quel père parmi vous, si son fils lui demande un poisson, lui donnera un serpent au lieu d'un poisson ?... Si donc vous, qui êtes mauvais, savez donnez de bonnes choses à vos enfants, combien plus le Père Céleste donnera-t-il l'Esprit Saint à ceux qui le lui demandent. » (Luc 11,11)

Le Seigneur Tout Puissant non seulement nous a créés pour la joie, pour le bonheur éternel, mais par Jésus, Il est venu nous sauver pour restaurer cette capacité de bonheur en Lui et afin que nous nous sentions pas orphelins, après le départ de Jésus, IL nous a donné son Esprit Saint, par lequel nous pouvons crier « **ABBA PÈRE** » comme dit Paul (dans sa lettre aux Romains 8,15) par l'Esprit Saint la louange peut habiter notre prière.

« Tu es le Saint, Tu trônes,

Toi la louange d'Israël

(Psaume 22,14)

Oui, le Seigneur habite la louange de son peuple ! Oui, le Seigneur se laisse découvrir dans la louange donnée par l'Esprit. La joie et la paix viennent alors nous habiter !... Nous en avons fait l'expérience. Nous découvrons combien : « Il est bon de chanter le Seigneur, douce est sa louange. » (Psaume 147) Notre louange est une volonté du Seigneur sur nous. Paul dans sa lettre aux Éphésiens nous dit : « A Celui dont la Puissance agissant en nous... À Lui la Gloire dans l'Église et le Christ Jésus pour tous les âges et tous les siècles. Amen ! (Éphésiens 3,20 21)

CHAPITRE 13

JESUS RENONCANT A LA JOIE

Pour nous donner la joie du royaume

Pour nous, ses créatures, ses enfants, Jésus, Fils de Dieu, qui vit avec le Père et l'Esprit Saint, renonça à la joie de son état pour venir partager notre vie et proclamer le Royaume de Dieu à ses frères, les hommes. Ce Royaume qui est contemplation et connaissance du Père et de son envoyé Jésus Christ. Saint Jean dans sa première lettre dit : « nous vous annonçons cette Vie éternelle, qui était tournée vers le Père et qui nous est apparue ; ce que nous avons vu et entendu, nous vous l'annonçons, afin que vous aussi soyez en communion avec nous. Quant à notre communion, elle est avec le Père et avec son Fils Jésus Christ. Tout ceci, nous vous l'écrivons pour que notre joie soit complète. » (1 Jean 1, 1-4)

Pour le pardon de nos péchés, Jésus s'est incarné : « Et le Verbe s'est fait chair et IL a habité parmi nous, et nous avons contemplé sa gloire, gloire qu'il tient de son Père comme Fils unique, plein de grâce et de vérité. » (Jean 1, 14)
De la paille du berceau, nous entrons avec le Christ dans la souffrance de la croix. « Lui qui renonçant à la joie, qui lui revenait, endura la croix au mépris de la honte et s'est assis à la droite du trône de Dieu. Oui, pensez à celui qui a enduré de la part des pécheurs une telle opposition contre lui, afin de ne pas vous laisser accabler par le découragement » (Hébreux 12-2) Nous aussi, il nous est demandé un renoncement pour suivre Jésus et partager Sa Joie du Royaume. En effet Jésus a dit : « Celui qui veut me suivre, qu'il renonce à lui-même, qu'il prenne sa croix et qu'il me suive » (Marc 8,34) « Nul n'a d'amour plus grand que celui qui se dessaisit de sa vie pour

ceux qu'Il aime » (Jean 15,13) « Si vous m'aimez, vous garderez mes commandements » dit Jésus (Jean 14,15)

C'est par amour pour nous que Jésus a renoncé à la Joie pour subir la mort sur la croix pour les hommes qu'IL aime, afin qu'ils puissent parvenir à la Joie complète. Loué soit notre Sauveur aujourd'hui et toujours.

QUE VOTRE JOIE SOIT COMPLETE !

CHAPITRE 14
HEUREUX QUI TROUVE SON REFUGE
DANS LE SEIGNEUR

Heureux ceux qui ont pour refuge Dieu qui est Père !... Un père défend son enfant quand il est attaqué, console son enfant quand il pleure et lui donne ce qu'il a de meilleur pour vivre. Dieu dans la Bible se révèle comme Père, même si certains passages nous parlent d'un Dieu guerrier. Le mot Père est le Nom Divin « ABBA » de Celui qui est la source de toute vie : « N'avons-nous pas tous un Père unique ? » (Malachie 2,10) « Et c'est Lui, notre Père » (Tobie 13,14) « Je me disais, dit Dieu : **« vous m'appellerez mon Père »** (Jérémie 3,19) Avons-nous la pensée que nous sommes réellement fils d'un tel Père, alors, prions notre Père « qui est là dans le secret » (Matthieu 6, 6) Lui, notre Père du Ciel sait tout de nous, tout ce dont nous avons besoin, n'ayons pas peur ! « Ne vous inquiétez donc pas, en disant : « qu'allons-nous manger ? Qu'allons-nous boire ? De quoi allons-nous nous vêtir ? Tout cela les païens le recherchent sans répit. Il sait bien votre Père Céleste que vous avez besoin de toutes ces choses.

« Cherchez d'abord le Royaume de Dieu et
tout cela vous sera donné par surcroît »

(Matthieu 6,31)

En fait, est-ce que le Royaume de Dieu est notre souci : c'est-à-dire faire la Volonté de notre Père ? Si le Royaume de Dieu était notre souci, comme les apôtres, nous irions proclamer la Bonne Nouvelle de Jésus mort et Ressuscité... Par notre vie, nos paroles, nos actes ! Rien ne pourrait nous empêcher de d'annoncer le Dieu qui donne la vie aux morts. Jésus disait à ses disciples : « Avez-vous manqué de quelque chose ? » Ils répondirent : « de rien » (Luc 22, 35) Or Jésus les avait envoyé sans bourse, ni sac, ni sandales pour proclamer le Royaume de Dieu ! Dans Isaïe (58,11) Dieu avait dit : « Le Seigneur sans cesse te conduira, IL te rassasiera dans les lieux arides » Ô Seigneur ! quel grand manque, pour celui qui n'a rien à manger ! Mais Dieu nous invite à partager : « Donnez-leur vous-mêmes à manger, dit le Seigneur. « Que celui qui a deux tuniques partage avec celui qui n'en a pas, et que celui qui a de quoi manger, fasse de même. » (Luc 3, 11) Le Seigneur sait ce dont nous avons besoin, mais pour mettre un comble à la joie de Dieu qui donne sans compter, avons-nous la délicatesse de Lui dire merci ? C'est cela rendre Gloire à Dieu !...

Quand nous sommes blessés par un de nos proches, la blessure est plus vive que par celle d'un étranger. Confions toutes nos souffrances à notre Père qui nous dit par Jésus : « Venez à Moi, vous tous qui peinez sous le poids du fardeau, et Moi, Je vous donnerai le repos. Prenez sur vous mon joug, mettez-vous à mon école, car Je suis doux et humble de cœur et vous trouverez le repos de vos âmes. Mon joug est facile à porter et mon fardeau léger » (Matthieu 11,28)

« C'est Moi, Je suis Celui qui vous console »
(Isaïe 51,12)

Et vous pourrez dire, comme moi, avec le psalmiste : « Car Toi, Seigneur, Tu m'aides et me console » (Psaume 86,17) Le Seigneur n'arrête pas là ses bienfaits, IL veut nous donner davantage, c'est ainsi qu'IL nous envoie Son Esprit Saint qui est à la fois le défenseur, l'avocat et le consolateur : « Combien plus le Père Céleste donnera-t-il l'Esprit Saint à ceux qui Le Lui demandent » (Luc 11,13) Ainsi protégé et défendu, dans la main de Dieu, nous ne craignons plus rien. De plus, nous dit, saint Paul : « Nous savons que tout concourt au bien de ceux qui aiment Dieu » (Romains 8,28)

CHAPITRE 15

HEUREUX QUI EST PARDONNE

« **Va, tes péchés sont pardonnés !** »
dit Jésus au paralytique avant de le guérir.

Comment avoir nous aussi ce bonheur d'être pardonné ? « Pitié pour moi, mon Dieu, dans Ton Amour, dans Ta grande Miséricorde, efface mes torts. Oui je reconnais mes torts. J'ai toujours mon péché devant moi. Contre Toi et Toi Seul, j'ai péché. Ce qui est mal à tes yeux, je l'ai fait... Absous mon péché que je sois pur. Lave-moi que je sois plus blanc que neige... Ne regarde pas mes péchés. Toutes mes fautes efface-les. Crée moi un coeur pur, ô mon Dieu. Remets en moi un esprit résolu. Ne m'écarte pas de Ta Présence. Ne me reprends pas Ton Esprit Saint. Rends-moi la joie d'être sauvé. Qu'un esprit généreux me soutienne... Arrache-moi à la mort, Dieu, mon Dieu Sauveur. Seigneur ouvre mes lèvres. Et ma bouche annoncera Ta Louange. » (Psaume 50)

« Heureux l'homme que le Seigneur, ne tient pas pour coupable et dont l'esprit ne triche pas. Quand je taisais mon péché, mon corps s'épuisait à gémir tout le jour. Le jour et la nuit, ta main pesait sur moi ; je me desséchais comme l'herbe en été. Alors j'ai fait l'aveu de ma faute, je t'ai découvert mon tort. J'ai dit « Je vais confesser au Seigneur les péchés que j'ai commis » Et Toi, Tu m'as déchargé de ma faute !... C'est Toi, mon refuge. Tu me mets à l'abri de la détresse. (Psaume 31)

LA GRACE DU SEIGNEUR ENTOURE
CEUX QUI COMPTENT SUR LUI

« Car Dieu n'a pas envoyé son Fils dans le monde pour juger le monde, mais pour que le monde soit sauvé par lui. Qui croit en lui n'est pas jugé ; qui ne croit pas, est déjà jugé, parce qu'il n'a pas cru au Nom du Fils unique de Dieu. » (Jean 3, 17-18)

N'ayons pas peur du Seigneur. Un pécheur repentant fait honneur au Seigneur par son espérance : « Mes petits enfants… Si notre cœur nous accuse, Dieu est plus grand que notre cœur et IL discerne tout. Mes bien aimés, si notre cœur ne nous accuse pas, nous nous adressons à Dieu avec assurance : et quoi que nous demandions, nous l'obtenons de Lui, parce que nous gardons ses commandements… » (1 Jean 3, 20-23)
Jésus est venu sur terre justement pour les pécheurs que nous sommes : « Je ne suis pas venu appeler les justes, mais les pécheurs » dit Jésus (Matthieu 9,13) « Car le Fils de l'homme, est venu chercher et sauver ce qui était perdu… » De nos péchés, le Seigneur ne veut plus se souvenir…

« Le Seigneur jette au fond de la mer tous nos péchés

et IL ne nous traite pas selon nos fautes,

ne nous rend pas selon nos offenses »

(Psaume 103, 10 et 13,14)

« Quand vos péchés seraient comme l'écarlate ; comme neige, ils blanchiront ; quand ils seraient rouge comme la pourpre ; comme laine, ils deviendront » (Isaïe 1,12) « Il y aura plus de Joie dans le ciel pour un seul pécheur qui se convertit que pour 99 justes, qui n'ont pas besoin de pénitence » (Luc 15,7)

« Convertissez-vous et vous vivrez »

(Ezéchiel 18,32)

CHAPITRE 16

HEUREUX QUI ACCUEILLE L'ESPRIT

Dieu est si grand que notre esprit ne peut Le concevoir. Sa Sainteté, Sa grandeur sont telles que l'homme ne peut voir Dieu, dans Sa splendeur et vivre ! Il est dit dans la Genèse : « Car l'homme ne peut me voir et vivre » (Genèse 33-20) et pourtant le Seigneur de l'Univers a le souci des hommes... L'homme aspire à Dieu et Dieu aspire au bonheur de l'homme, car IL l'a créé pour cela, même si pour un certain temps, sur la terre, il voit le malheur. Le bonheur c'est Dieu en nous. Jésus envoyé par le Père, par le sein de la Vierge Marie, dira :

« **Demeurer en Moi**

comme Je demeure en vous » (Jean 15,4)

« Celui qui demeure en Moi et en qui Je demeure, celui-là portera du fruit en abondance, car en dehors de Moi, vous ne pouvez rien faire » (Jean 15,5) « Demeurer en mon amour. Si vous observez mes commandements, vous demeurez en mon amour, comme en observant les commandements de mon Père, Je demeure en son Amour. » (Jean 15,9-10) Dans toute la Bible, on rapporte les Paroles de Dieu. Comment Dieu s'exprime t-il ? Il a saisi des hommes qui Le cherchaient simplement dans leur prière. L'Esprit du Seigneur s'empara de leur cœur et ils devinrent les porte-parole du Seigneur : c'est-à-dire des prophètes, ceux qui exhortent les hommes à se tourner vers Lui. On voit alors combien le but de Dieu est de remplir l'homme de son Esprit, car il est dit :

« L'Esprit de Dieu fond sur Otniel... » (Juges 3,10)

« L'Esprit de Dieu fond sur Gédéon... » (Juges 6,34)

« L'Esprit de Dieu fond sur Samson... » (Juges 13,25)

« L'Esprit de Dieu fond sur David... » (1 Samuel 16,13)

« L'Esprit de Dieu tomba sur moi... » (Ézéchiel 11,5)

Le Seigneur prépare son peuple à accueillir la vie... la vie spirituelle c'est-à-dire la vie donnée par l'Esprit Saint. Quand L'Esprit de Dieu envahit un homme ; aussitôt il devient prophète. Eldad et Médad reçoivent l'Esprit. Ils se mirent à prophétiser. Josué dit à Moïse : « empêche-les. » Moïse lui répondit : « Ah, puisse tout le peuple du Seigneur être prophète, le Seigneur leur donnant son Esprit » (Nombres 11-26)

L'Esprit Saint envoyé sur les apôtres par le Père après l'Ascension de Jésus, est une grâce de Pentecôte à laquelle nous pouvons avoir accès d'abord par le Baptême et la confirmation, mais aussi par une nouvelle « effusion de l'Esprit » dans un groupe de prière.

Saul, qui deviendra l'apôtre Paul après sa conversion, combattait avec vigueur les disciples de Jésus. Après avoir été envahi avec puissance par l'Esprit Saint, il expliquera dans sa première lettre aux corinthiens : « Aucune chair n'est identique à une autre. Il y a une différence entre celle des homme, des bêtes, des oiseaux, des poissons. Il y a des corps célestes et des corps terrestres et ils n'ont pas le même éclat ; autre est l'éclat du soleil, autre est celui de la lune, autre celui des étoiles ; une étoile même diffère en éclat d'une autre étoile. Il en est ainsi pour la résurrection des morts :
semé corruptible, le corps ressuscite incorruptible ;
semé méprisable, il ressuscite éclatant de gloire ;
semé dans la faiblesse, il ressuscite plein de force ;
semé corps animal, il ressuscite corps spirituel.
S'il y a un corps animal, il y a aussi un corps spirituel. C'est ainsi qu'il est écrit : Le premier homme Adam fut un être animal, le dernier Adam est un être spirituel donnant la vie. Mais ce qui est premier, c'est l'être animal, ce n'est pas l'être spirituel : il vient ensuite. Le premier homme tiré de la terre est terrestre. Le second homme, Lui vient du ciel. Frères, l'Écriture dit : Le premier Adam était un être

humain qui avait reçu la vie ; le dernier Adam, le Christ est devenu l'être spirituel qui donne la vie. Ce qui est apparu d'abord, ce n'est pas l'être spirituel, c'est l'être humain, et ensuite, seulement, le spirituel. Pétri de terre, le premier homme vient de la terre ; le deuxième homme, lui, vient du ciel. Puisque Adam est pétri de terre, comme lui les hommes appartiennent à la terre ; puisque le Christ est venu du ciel, comme lui les hommes appartiennent au ciel. Et de même que nous sommes à l'image de celui qui est pétri de terre, de même nous serons à l'image de celui qui vient du ciel. » (Première lettre de saint Paul Apôtre aux Corinthiens 15, 39-49) Saint Paul poursuit dans sa première lettre aux Corinthiens : « Et de même que nous avons été créés à l'image de l'homme terrestre, nous serons aussi à l'image de l'homme céleste. » (1 Corinthiens 15,49)

En tout cela, nous voyons l'œuvre de l'Esprit Saint dans le cœur de l'homme, car une effusion du Saint Esprit est une rencontre personnelle avec Dieu, un don gratuit de la grâce de Dieu qui nous permet de nous tenir en sa Présence et d'en goûter la douceur. C'est une joie et une paix inconnue qui envahissent tout l'être, nous libérant de nos péchés. Nous sommes lavés, purifiés par l'action même du Saint Esprit. Cette effusion est une connaissance expérimentale de Dieu. Cela produit un goût pour la prière et l'intimité avec Dieu. C'est aussi la découverte de la Puissance de la Parole de Dieu. Un effet de cette grâce est le don de charismes. Le plus petit étant la louange en langues. Le Seigneur Jésus, Celui qui vient du Ciel et qui est né de la Vierge Marie, nous donne la Vie par son Esprit Saint. Nous sommes appelés à vivre, comme lui, de l'Esprit. Saint Séraphin de Sarov avait bien conçu cette vie extraordinaire que Dieu veut nous donner, car il dit : *« Le but de la vie chrétienne est l'acquisition du Saint Esprit »* L'aventure de l'homme sur la terre est ce chemin vers Dieu, par l'accueil du Saint Esprit.

Nous sommes dans les temps de la prophétie de Joël : « **Après cela, Je répandrai Mon Esprit sur toute chair.** Vos fils et vos filles prophétiseront, vos vieillards auront des songes, vos jeunes gens auront des visions, même sur les serviteurs et les servantes, en ce temps-là, Je répandrai mon Esprit. Je placerai des prodiges dans le ciel et sur la terre, du sang, du feu, des colonnes de fumée. Le soleil se changera en ténèbres et la lune en sang à l'avènement du Jour du Seigneur grandiose et redoutable. Alors tous ceux qui invoqueront le Nom du Seigneur, seront sauvés. » (Joël 3,1-3-5)

Nous entrons dans l'œuvre du Seigneur, quand nous croyons à ce que le Seigneur veut réaliser en nous, avec notre participation et notre pleine volonté. Que faut-il faire pour recevoir cette plénitude de vie. Dans les actes des apôtres, il est dit : « **Crois au Seigneur Jésus et tu seras sauvé** » (Actes 16-31) La grandeur de l'homme, c'est l'homme sauvé et envahi du Saint Esprit par le Christ. Cette œuvre admirable ne peut être réalisée sans le concours de l'homme qui dans sa liberté choisit ou refuse le don gratuit qui lui est fait !…Mais qui peut refuser une telle grâce en la connaissant ? Cependant c'est seulement dans la foi, dans la confiance totale du petit enfant envers son Père du Ciel, que peut se réaliser une telle splendeur ! L'histoire de l'homme sur la terre, n'est que l'histoire de la découverte de notre Dieu dans une profonde conversion. « C'est pourquoi, je t'invite à raviver le don spirituel depuis que je t'ai imposé les mains » (2Timothée 1,6)

CHAPITRE 17

HEUREUX ETES-VOUS

Si vous écoutez la Parole du Seigneur

Savez-vous combien de fois est employé le mot « heureux » dans la Bible ? 123 fois dans l'Ancien Testament et 55 fois dans le Nouveau Testament. Ainsi vous comprendrez plus facilement que le Seigneur a créé l'homme pour le bonheur et lui en donne un chemin, par Son Alliance et Sa Loi donnée à Moïse, à l'Horeb : (Deutéronome 5,1-2 et suivants). « **Tu n'auras pas d'autres dieux devant Moi.** » (Deutéronome 5, 7) Le bonheur de l'homme commence quand il reconnaît son Seigneur YHWH, celui qui s'est révélé à Moïse et qui l'écoute et suit ses lois. J'ai donc relevé certaines paroles de la Bible pour que votre cœur soit dans l'émerveillement devant notre Dieu, dont le projet est le bonheur de l'homme qu'IL aime : « Et YHWH le Seigneur nous a ordonné de mettre en pratique toutes ces lois, afin de craindre YHWH le Seigneur, notre Dieu, d'être toujours heureux et de vivre, comme il nous l'a accordé jusqu'à présent. » (Deutéronome 6, 24) « Et voici qu'un légiste se leva, et dit à Jésus pour l'éprouver : *Maître, que dois-je faire pour avoir en héritage la Vie Eternelle ?* » Il lui dit : « Dans la Loi, qu'y a-t-il d'écrit ? Comment lis-tu ? » Celui-ci répondit : « **Tu aimeras le Seigneur, ton Dieu, de tout ton coeur, de toute ton âme, de toute ta force et de tout ton esprit ; et ton prochain comme toi-même** » « **Tu as bien répondu, lui dit Jésus ; fais cela et tu vivras.** » (Luc 10, 25-28) « Honore ton père et ta mère, comme te l'a commandé le Seigneur ton Dieu, afin que se prolongent tes jours et que tu sois **heureux** sur la terre que YHWH, ton Dieu te donne. (Deutéronome 5, 16)

« Garde docilement et mets en pratique tous ces ordres que je te donne, en sorte d'être heureux pour toujours, toi et ton fils après toi, en accomplissant ce qui est bon et juste aux yeux de YHWH ton Dieu. » (Deutéronome 12, 28) « Ah ! Si leur coeur pouvait toujours être ainsi, pour me craindre et garder mes commandements en sorte qu'ils soient heureux à jamais, eux et leurs fils. (Deutéronome 5, 29)

Toute l'Ancienne Alliance ou Ancien Testament redit sans cesse que le bonheur de l'homme est l'accomplissement de la volonté de Dieu : « Que le livre de cette Loi soit toujours sur tes lèvres : médite-le, jour et nuit afin de veiller à agir selon tout ce qui y est écrit. C'est alors que tu seras heureux dans tes entreprises et réussiras. » (Josué 1, 8)

« **Alléluia ! Heureux l'homme qui craint YHWH le Seigneur**, et se plaît fort à ses préceptes ! » (Psaume 112, 1)

« **Heureux** qui observe le droit, qui pratique en tout temps la justice ! » (Psaume 106, 3)

Heureux le peuple dont le Seigneur YHWH est le Dieu ! (Psaume 144, 15)

Heureux qui s'abrite en Lui ! (Psaume 2, 12)

Heureux est l'homme, celui-là qui met dans le Seigneur YHWH sa foi, ne tourne pas du côté des rebelles égarés dans le mensonge ! (Psaume 40, 5)

Heureux ton élu, ton familier, il demeure en tes parvis. (Psaume 65, 5)

Heureux les habitants de ta maison, ils te louent sans cesse. (Psaume 84, 5)

Heureux le peuple qui sait l'acclamation ! Le Seigneur YHWH, à la clarté de ta face ils iront... (Psaume 89, 16)

Heureux, impeccables en leur voie, ceux qui marchent dans la loi de Yahvé !
Heureux, gardant son témoignage, ceux qui le cherchent de tout coeur, et qui sans commettre de mal, marchent dans ses voies ! (Psaume 119, 1-3)

« C'est l'héritage du Seigneur YHWH que des fils, récompense, que le fruit des entrailles ; comme flèches en la main du héros, ainsi les fils de la jeunesse. **Heureux** l'homme, celui-là qui en a rempli son carquois ; point de honte pour eux, quand ils débattent à la porte, avec leurs ennemis. » (Psaume 127, 3-5)

Le juste qui se conduit honnêtement, **heureux ses enfants** après lui ! (Proverbes 20, 7)

Heureux l'homme qui ne suit pas le conseil des impies, ni dans la voie des égarés ne s'arrête, ni au siège des rieurs ne s'assied, mais se plaît dans la loi du Seigneur, mais murmure sa loi jour et nuit ! (Psaume 1, 1-2)

Heureux l'homme qui n'a pas péché en paroles et qui n'est pas tourmenté par le regret de ses fautes. **Heureux** l'homme qui ne se fait pas à lui-même de reproches et qui ne sombre pas dans le désespoir. (Ecclésiastique 14, 1-2)

Heureux qui est absous de son péché, acquitté de sa faute ! (Psaume 32, 1 de David.)

Heureux l'homme à qui le Seigneur YHWH ne compte pas son tort, et dont l'esprit est sans fraude ! (Psaume 32, 2)

Heureux qui pense au pauvre et au faible : au jour de malheur, Le Seigneur YHWH le délivre ! (Psaume 41, 2)

Heureux l'homme que tu reprends, Seigneur YHWH, et que tu enseignes par ta loi, pour lui donner le repos aux mauvais jours, tant que se creuse une fosse pour l'impie. (Psaume 94, 12-13)

Heureux l'homme toujours en alarme ; qui s'endurcit le coeur tombera dans le malheur. (Proverbes 28, 14)

« **Heureux** l'homme qui a trouvé la sagesse, l'homme qui acquiert l'intelligence ! (Proverbes 3, 13 »

« **Heureux** qui a pitié des pauvres. (Proverbes 14, 21)

« Qui est attentif à la Parole trouve le **Bonheur**, qui se fie dans le Seigneur YHWH est **bienheureux.** » (Proverbes 16, 20)

Faute de vision, le peuple vit sans frein ; **heureux qui observe la loi.** (Proverbes 29, 18)

Heureux l'homme qui médite sur la sagesse et qui raisonne avec intelligence, qui réfléchit dans son coeur sur les voies de la sagesse et qui s'applique à ses secrets. (Ecclésiastique 14, 20-21)

« C'est pourquoi le Seigneur YHWH attend l'heure de vous faire grâce, c'est pourquoi il se lèvera pour vous prendre en pitié, car YHWH est un Dieu de justice ; **bienheureux** tous ceux qui espèrent en Lui. (Isaïe 30, 18)

« Ainsi parle le Seigneur YHWH : Observez le droit, pratiquez la justice, car mon salut est près d'arriver et ma justice de se révéler. **Heureux** l'homme qui agit ainsi, le fils d'homme qui s'y tient fermement, qui observe le sabbat sans le profaner et s'abstient de toute action mauvaise. (Isaïe 56, 1-2)

« Que ce soit agréable ou désagréable, **nous obéirons à la voix du Seigneur YHWH notre Dieu**, auprès de qui nous te députons : ainsi serons-nous **heureux** pour avoir obéi à la voix de YHWH notre Dieu. » (Jérémie 42, 6)

Oui, **heureux** l'homme que Dieu corrige ! (Job 5, 17)

« Et maintenant, mes fils, écoutez-moi : **heureux** ceux qui gardent mes voies ! Écoutez l'instruction et devenez sages, ne la méprisez pas. **Heureux** l'homme qui m'écoute, qui veille jour après jour à mes portes pour en garder les montants ! Car qui me trouve, trouve la vie, il obtient la faveur du Seigneur YHWH, mais qui pèche contre Moi blesse son âme, quiconque me hait chérit la mort. » (Proverbes 8, 32)

« **Mais Jésus dit : « Heureux plutôt ceux qui écoutent la parole de Dieu et l'observent ! »** (Luc 11, 28)

Bienheureuse celle qui a cru en l'accomplissement (Luc 1-45)

Oui, toutes les générations me diront **Bienheureuse** (Luc 1-48)

Jésus, vrai Dieu et vrai homme, dira :
« Je Suis le chemin, la Vérité et la Vie ! »
« qui croit en Moi, même s'il meurt, vivra »

« A la vue des foules, Jésus monta dans la montagne. IL s'assit et ses disciples s'approchèrent de Lui. Et prenant la Parole, IL les enseignait :

« **Heureux** les pauvres de cœur, le Royaume des cieux est à eux !

« **Heureux** les doux, ils auront la terre en partage.

« **Heureux** ceux qui pleurent, ils seront consolés !...

« **Heureux** ceux qui ont faim et soif de la justice, ils seront rassasiés.

« **Heureux** les miséricordieux, il leur sera fait miséricorde

« **Heureux** les cœurs purs, ils verront Dieu.

« **Heureux** ceux qui font œuvre de paix, ils seront appelés fils de Dieu

« **Heureux** ceux qui sont persécutés pour la justice, le Royaume des cieux est à eux

« **Heureux** êtes-vous lorsqu'on vous insulte, que l'on vous persécute et que l'on dit faussement contre vous toute sorte de mal, à cause de moi. Soyez dans la joie et l'allégresse, car votre récompense est grande dans les cieux ; c'est ainsi, en effet, qu'on a persécuté les prophètes qui vous ont précédés. (Matthieu 5, 1-13)

« Thomas voyant les plaies et le côté de Jésus s'écrira : « **Mon Seigneur et mon Dieu !** » Jésus lui dit : « Parce que tu me vois, tu crois. **Heureux** ceux qui n'ont pas vu et qui ont cru. » Jean 20, 28-29

« **Heureux** celui qui ne trébuchera pas à cause de Moi » (Luc 7,23)

« Celui-là trouvera le **bonheur**, en pratiquant la Parole » (Jacques 1,26)

« Une femme éleva la voix du milieu de la foule et lui dit : Heureuses les entrailles qui t'ont porté !... Mais Jésus dit : « **Heureux** plutôt ceux qui écoutent la parole de Dieu et l'observent ! » (Luc 11, 28)

« **Heureux** ces serviteurs, que le maître à son arrivé, trouvera en train de veiller. » (Luc 12,37)

« **Heureux** l'homme à qui le Seigneur n'impute aucun péché. » (Romains 4,8)

« **Heureux** ceux dont les offenses ont été pardonnées et les péchés remis. » (Romains 4,7)

C'est la Présence et la manifestation de Jésus à la Transfiguration, qui rend heureux le cœur de Pierre, qui dit à Jésus : « Maître, il est heureux que nous soyons ici ! » (Luc 9,33) « Puis, se tournant vers ses disciples, Jésus leur dit en particulier : **« Heureux les yeux qui voient ce que vous voyez,** car Je vous dis que beaucoup de prophètes et de rois ont voulu voir ce que vous voyez et ne l'ont pas vu, entendre ce que vous entendez et ne l'ont pas entendu ! » (Luc 10, 23-24)

« Heureux, si vous êtes outragés pour le Nom du Christ, car l'Esprit de gloire, l'Esprit de Dieu repose sur vous. » (1 Pierre 4, 14)

Heureux homme, celui qui supporte l'épreuve (Jacques 1,12)

Heureux ceux qui lavent leur robe, afin d'avoir droit à l'arbre de la vie (Apocalypse 22,14)

« **Heureux,** vous qui avez faim maintenant, car vous serez rassasiés. Heureux, vous qui pleurez maintenant, car vous rirez. **Heureux** êtes-vous, quand les hommes vous haïront, quand ils vous frapperont d'exclusion et qu'ils insulteront et proscriront votre nom comme infâme, à cause du Fils de l'homme. Réjouissez-vous ce jour-là et tressaillez d'allégresse, car voici que votre récompense sera grande dans le ciel. C'est de cette manière, en effet, que leurs pères traitaient les prophètes » (Luc 6, 21-23)

« **Heureux** ces serviteurs que le maître en arrivant trouvera en train de veiller ! En vérité, je vous le dis, il se ceindra, les fera mettre à table et, passant de l'un à l'autre, il les servira. (Luc 12, 37)

« Quand tu donnes un festin, invite les pauvres, des estropiés, des aveugles, tu seras heureux parce qu'ils n'ont pas de quoi te rendre ; en effet, cela te sera rendu à la résurrection des justes. En entendant ces mots, un des convives dit à Jésus :

« Heureux qui prendra part au repas dans le Royaume de Dieu » (Luc 14,14-15)

« **Heureux** les morts qui meurent dans le Seigneur. » (Apocalypse 14,13)

« **Heureux** ceux qui sont invités au festin de l'Agneau. » (Apocalypse 19, 9)

Les autres morts ne purent reprendre vie avant l'achèvement des mille années. C'est la première résurrection. **Heureux et saint, celui qui participe à la première**

résurrection ! La seconde mort n'a pas pouvoir sur eux, mais ils seront prêtres de Dieu et du Christ avec qui ils régneront mille années. (Apocalypse 20, 5-6)

« **Heureux le lecteur** et les auditeurs de ces paroles prophétiques s'ils en retiennent le contenu, car le Temps est proche ! » (Apocalypse 1, 3)

QUE FAIRE POUR OBTENIR CE BONHEUR SUPREME ?

« Et voici qu'un homme s'approcha et lui dit : « Maître, que dois-je faire de bon pour obtenir la Vie Eternelle ? » Il lui dit : « Qu'as-tu à m'interroger sur ce qui est bon ? Un seul est le Bon. Que si tu veux entrer dans la Vie, observe les commandements » (Matthieu 19, 16-17) « Alors ceux-ci lui demanderont à leur tour : Seigneur, quand nous est-il arrivé de te voir affamé ou assoiffé, étranger ou nu, malade ou prisonnier, et de ne te point secourir ? Alors il leur répondra : En vérité je vous le dis, dans la mesure où vous ne l'avez pas fait à l'un de ces plus petits, à moi non plus vous ne l'avez pas fait. Et ils s'en iront, ceux-ci à une peine éternelle, et **les justes à une Vie Eternelle.** » (Matthieu 25, 44-46)

CHAPITRE 18

IL Y A PLUS DE JOIE DANS LE CIEL

On m'a posé cette question : « Est ce que Dieu nous pardonne de l'avoir renier un jour, alors que dans un texte, il semblerait que ceux qui l'ont renié, n'auront pas de pardon ? Y a t'il un moyen de se racheter ? Rassurez-vous tout de suite : Le Seigneur ne condamne personne. Il pardonne toujours, à condition qu'on ait le regret de ses fautes. !... « Car Dieu a tant aimé le monde qu'il a donné son Fils unique, afin que quiconque croit en lui, ne se perde pas, mais ait la vie éternelle. Car Dieu n'a pas envoyé son Fils dans le monde pour juger le monde, mais pour que le monde soit sauvé par lui. » (Jean 3, 16-17)

Notre vie sur la terre est une vie donnée pour chercher Dieu et Le choisir de tout notre cœur. C'est cela : la conversion. Jusqu'à notre dernier souffle, nous avons la possibilité de Le choisir comme notre Seigneur et notre Sauveur. Jusqu'à notre dernier souffle, nous avons la possibilité de recevoir son pardon !... Dieu est bien plus grand que notre péché. IL connaît le cœur de l'homme. Jésus n'a jamais condamné Pierre qui l'a renié. Au contraire, IL lui a dit : *« Pierre m'aimes-tu ? »* C'est le Seigneur lui-même qui nous rachète : la volonté de Dieu est que nous soyons ses enfants et que nous vivions en enfants de Dieu !... Car nous sommes héritiers, co-héritier avec Jésus, et membres de son corps. Nous recevons continuellement la Vie de Dieu en nous. Si vous êtes catholique ou orthodoxe, allez donc rencontrer un prêtre ou un pope, pour qu'il vous montre le pardon du Seigneur et vous serez transformé par la Miséricorde de Dieu qui s'est manifestée à tous ceux qui venaient vers Lui, en Jésus. Dieu ne rejette pas celui qui vient à Lui. Bien au contraire : Dieu mettra « vos péchés au fond de la mer » afin que nul ne puisse aller les chercher. Si vous êtes protestant, allez rencontrer un pasteur et ne désespérez jamais de Dieu, car

Lui vous aime d'un Amour d'Eternité. Faites jubiler tout le ciel et ses anges, car « Il y a plus de joie dans le ciel pour un pécheur qui fait pénitence que pour 99 justes qui persévèrent. » « Car le Fils de l'homme est venu chercher et sauver ce qui était perdu. » (Luc 19, 10)

Si vous ne connaissez pas Jésus, achetez une Bible TOB ou de Jérusalem et lisez la parabole du fils retrouvé (Luc 15,11) et goûtez l'Amour du Père pour son enfant qui revient vers Lui. Pas de reproches !... Il le presse contre sa poitrine. Il attendait avec patience et persévérance ce jour béni , où IL reverrait son fils égaré. Il le revêt de la plus belle robe, lui donne l'anneau de l'alliance avec Lui. Lui met des sandales pour marcher sur le bon chemin sans s'abîmer les pieds. Il prépare un festin extraordinaire pour lui en disant : « Réjouissez-vous avec moi, car mon fils qui était mort, est revenu à la vie » En effet le salaire de nos péchés, mène à la mort et en Jésus Miséricorde, on obtient la Vie ! Ce qui est premier : c'est l'Amour Tout Puissant de Dieu. Notre faute aussi grande soit-elle n'est qu'une goutte d'eau dans le brasier d'Amour qu'est la Cœur de notre Dieu, nous dit sainte Thérèse de l'Enfant Jésus ; à condition que nous en prenions conscience et que nous demandions pardon de tout notre cœur. Pierre a pleuré son reniement... Mais c'est à Pierre que Jésus s'adresse en lui disant : **« Pierre m'aimes-tu ? »** Ce que Dieu veut c'est notre faible et pauvre amour !... Le reste c'est Lui qui le fera en nous. Mettez un comble à la joie du Seigneur en allant Le trouver dans un de ses prêtres pour vous faire goûter son pardon. Car lorsqu'on reconnaît son péché : on est déjà sur ce chemin de la conversion. N'ayez pas peur d'avancer, vous tomberez dans les bras de l'Amour Infini, vous serez pressé tout contre le Cœur de Dieu. Seuls ceux qui aiment et auxquels le Seigneur a beaucoup pardonné, peuvent comprendre l'Amour inépuisable de Dieu. Ainsi Marie Madeleine est de celles qui a le mieux compris tout cet Amour infini de Dieu pour son enfant. N'oubliez jamais que Jésus a dit : « Tout ce que vous demanderez en mon Nom, Je le ferai » « Demandez et vous recevrez » Si vous demandez le pardon, vous obtiendrez le pardon, avec l'assurance d'une Miséricorde infinie. Je voudrai vous donner encore une parole laissée par ma maman, à sa mort :

« *Si vous trouvez des fautes dans votre passé, acceptez l'expiation qui s'offre à vous ; mais de préférence, tournez-vous vers l'avenir et confiant en Celui qui veille sur vous.* » Donnez donc au ciel cette joie de vous tourner avec confiance vers notre Dieu.

CHAPITRE 19

LA JOIE DE VOIR DIEU

Pour nous qui avons choisi de faire confiance en la Parole de Dieu, nous sommes déjà appelés à faire ce pas de géant « dans la foi », qu'ont fait les saints... Certains ont entrevu cette extraordinaire louange, qui remplit le ciel, le jour et la nuit.

Marguerite Marie raconte : *« Je suis environnée de multitudes, elles chantent les hymnes, les psaumes, les prières liturgiques... Elles supplient, elles adorent la divine Majesté, elles La louent avec un ensemble, une harmonie ineffable... Je vivrai encore longtemps que je ne pourrai oublier cette harmonie, ces accents dont rien sur terre, ne peut donner idée. »* Ceci est une grâce de Dieu et non une communication avec les morts... En effet, Dieu a interdit de communiquer avec les morts, car c'est une abomination à ses yeux.

Pour Marthe Robin, (en 1937) « la mort, c'est la grâce des grâces et le couronnement de notre vie chrétienne. Elle n'est pas la fin, comme hélas, encore trop le pensent, mais c'est le commencement d'une belle naissance. Elle ne marque pas l'heure de la dissolution d'une créature, mais son véritable développement, son plein épanouissement dans l'amour. Elle complète notre possession de la vie divine, en supprimant les obstacles, qui ici-bas, nous empêchent d'en jouir à notre aise. Elle nous permet enfin de vaquer librement à l'Éternel Amour, d'avoir conscience qu'IL se donne à nous et de demeurer à jamais en Lui... »

Pour Thérèse de l'enfant Jésus « Ce n'est pas la mort qui viendra me chercher, c'est le Bon Dieu ! « Je ne meurs pas, j'entre dans la Vie »

Pour Karl Rahner, la mort est une chute que seule la foi interprète comme une chute entre les mains du Dieu Vivant, qui a pour nom Père.

Pour Carlo Carreto : « L'histoire de l'homme sur la terre n'est que la longue histoire de sa transformation, qui est l'authentique gestation d'un fils de Dieu »

Saint François avant de mourir, prie ainsi : « Dans un acte d'abandon, ma voix crie vers Adonai (Seigneur) De ma voix, j'implore le Seigneur. Je répands ma plainte en Sa Présence. J'expose devant Lui ma détresse. Tire mon âme de sa prison, afin que je célèbre Ton Nom. Les justes m'attendent, donne-moi ma récompense !

Chaque chrétien exprime à sa manière l'unique réalité : La Vie qui traverse la mort. Or Dieu nous invite dans la liberté qu'IL nous a donnée, à choisir la joie de vivre avec Lui et en Lui, en suivant le Christ. La Vie sur la terre est un don. Nous pouvons déjà vivre déjà du face à face avec le Christ Seigneur, qui se fera aussi pour nous Sauveur au dernier jour de notre vie ! Avons-vous réfléchi à cet aspect de notre mort : cette rencontre incroyable du Seigneur et de son enfant sauvé… Quel bonheur ineffable, quand je verrai Sa Face adorable !… Mes péchés ont été lavés par son Sang à la Croix et je serai brûlée par l'Amour, Feu dévorant… Recréée par l'Amour. Quelle œuvre grande veut faire le Seigneur ?

Nous lisons la mort d'Etienne dans les Actes des apôtres ; « Etienne annonce le règne de Dieu en faisant des prodiges, mais avec des paroles dures à entendre pour les juifs, « hommes au cou raide, incirconcis de coeur et d'oreilles, toujours vous résistez à l'Esprit Saint… » Ces paroles les exaspérèrent et ils grinçaient des dents contre Etienne. Mais lui, rempli d'Esprit Saint, fixait le ciel : il vit la gloire de Dieu et Jésus debout à la droite de Dieu. « Voici dit-il, que je contemple les cieux ouverts et le Fils de l'Homme debout à la droite de Dieu… Tandis qu'ils le lapidaient. Etienne prononça cette invocation : *« Seigneur Jésus reçois mon esprit. »* Puis il fléchit les genoux et lança un grand cri « Seigneur ne leur compte pas ce péché. » Et sur ces mots, il mourut. (Actes 7,51-60)

Voilà ce que Jésus lui-même avait dit du Royaume : « Père, l'heure est venue, glorifie ton fils, afin que ton Fils Te glorifie et que selon le pouvoir sur toute chair, que Tu lui as donné, IL donne la vie éternelle à tous ceux que Tu lui as donnés.

Or la Vie Eternelle, c'est qu'ils Te connaissent,
Toi, le seul vrai Dieu et
celui que Tu as envoyé Jésus Christ. »
(Jean 17, 1)

La mort n'est que ce passage vers la vie, où sauvés par Jésus Christ, nous contemplerons Dieu !... Je veux voir Dieu, le voir de mes yeux... Joie sans fin des bienheureux, je veux voir Dieu !

CHAPITRE 20

HEUREUX ES-TU SIMON

Ceux qui commencent à soulever le voile sur l'Amour de Dieu, ne peuvent que plonger dans un abîme de bonheur. Jésus dira à ses disciples : « Heureux les yeux qui voient ce que vous voyez » (Luc 10,3) Heureux celui qui reconnaît Jésus pour son maître et Seigneur !... Pierre reconnaîtra en Jésus le Fils de Dieu : « Arrivés dans la région de Césarée de Philippe, Jésus interrogeait ses disciples : « Au dire des hommes, qui est le Fils de l'homme ? » Ils lui dirent : « Pour les uns, Jean Baptiste ; pour d'autres Eli ; pour d'autres, Jérémie ou l'un des prophètes. IL leur dit : « Et vous, qui dites-vous que Je Suis ? Prenant la parole Simon Pierre répondit : **« Tu es le Christ, le Fils du Dieu Vivant »** Reprenant alors la parole, Jésus lui déclara : **« Heureux es-tu Simon,** fils de Jonas, car ce n'est pas la chair et le sang qui t'ont révélé cela, mais mon Père qui est aux cieux. » (Matthieu 16,13)

Qui dites-vous que Je suis ? Cette question nous est posée, car c'est de notre réponse, que va découler la suite de notre vie : vie avec Jésus, Fils du Dieu Vivant pour notre plus grande joie, ou bien, vie sans Dieu pour notre malheur en enfer. Cette même proposition, ce même choix avait été fait par Dieu aux juifs, par le prophète Moïse : « C'est la vie et la mort, que J'ai mises devant vous, c'est la bénédiction et la malédiction. **Tu choisiras la vie** pour que tu vives toi et ta descendance, en aimant le Seigneur Ton Dieu, en écoutant Sa Voix et en t'attachant à Lui. » (Deutéronome 30,19)

Comment reconnaître Dieu en Jésus ? Il dira lui-même : « croyez au moins à cause des œuvres » guérisons, exorcismes, résurrections des morts, pouvoir sur la tempête et le vent, pouvoir de pardonner les péchés. Car il n'y a que Dieu qui peut pardonner les péchés.(Marc 2,9) Et Jésus, dans la guérison du paralytique, commence justement par pardonner les péchés avant de guérir la personne. Nicodème lui-même, dira : « Rabbi, nous savons que tu es un maître, qui vient de la part de Dieu car personne ne peut opérer les signes que tu fais, si Dieu n'est pas avec lui. » (Jean 3,2) Le centurion qui se tenait au pied de la croix, tandis que Jésus mourait, dira : « **Vraiment, cet homme était Fils de Dieu** » Or la divinité de Jésus est encore plus éclatante à la résurrection, à Pâques. Personne, de sa propre puissance n'était sorti du tombeau avant Lui !… « Se lever d'entre les morts » était une parole inconnue des disciples, si bien qu'auparavant, lorsqu'ils parcouraient les routes de la Palestine, ils n'osaient pas interroger Jésus à ce sujet. Or voici, ce qui est mis devant toi : la Vie avec le Ressuscité ou bien la mort éternelle. Heureux est celui qui découvre tout l'Amour de Dieu pour lui ! Comment ne pas fondre devant le Père qui nous donne un tel Sauveur pour nous faire parvenir tout contre son cœur. Saint Jean dira : « Voyez de quel grand amour le Père nous a fait don, que nous soyons appelés enfants de Dieu et nous le sommes » (1 Jean 3,10) Jésus dira à ses apôtres : « Si vous observez mes commandements, vous demeurerez dans mon amour… Je vous ai dit cela pour que ma Joie soit en vous et que votre joie soit parfaite. Voici mon commandement : aimez-vous les uns, les autres, comme Je vous ai aimés. Nul n'a de plus grand amour que celui qui se dessaisit de sa vie pour ceux qu'il aime » (Jean 15,9ss) La joie vient de l'amour que nous mettons à demeurer dans l'Amour de Jésus en écoutant en en observant ses Paroles. L'amour de Dieu est une source intarissable ! Il est dit : « Car Eternel est son Amour » (Psaume 136, 8-9-10-13ss) « L'Amour du Christ nous étreint » dira Paul (2 corinthiens 5,14) Et vous, que dites-vous ? pour vous qui suis-je ? Dit Jésus. Mère Térésa répond :

Jésus est le Verbe fait chair. Jésus est le Pain de Vie.

Jésus est la Victime offerte pour nos péchés sur la Croix,

Jésus est le Sacrifice offert à la Sainte Messe pour le péché du monde et le mien.

Jésus est la Parole à annoncer. Jésus est la Vérité à dire.

Jésus est le Chemin à emprunter. Jésus est la Lumière à allumer.

Jésus est la Vie à vivre. Jésus est l'Amour à aimer.

Jésus est la joie à partager. Jésus est le Sacrifice à offrir.

Jésus est la Paix à donner. Jésus est le Pain de Vie à manger.

Jésus est l'Affamé à nourrir. Jésus est l'Assoiffé à rassasier.

Jésus est le Nu à revêtir. Jésus est le Sans Abri à accueillir.

Jésus est le Malade à guérir. Jésus est l'Isolé à aimer.

CHAPITRE 21
HEUREUX LES CŒURS PURS

Qu'est-ce qu'un cœur pur ? C'est un cœur tout donné au Seigneur qui peut faire en lui tout ce qu'IL veut. Le but de la vie chrétienne est l'union avec Dieu dès cette vie. Dieu veut nous aimer, tandis que nous, nous voulons vivre à notre guise. Or le chemin de la pureté est le chemin de Dieu vers l'âme qui malgré tous ses péchés aspire à Dieu. Tout homme aspire à l'Amour Divin, consciemment ou inconsciemment. Tout homme cherche le bonheur d'aimer et de se savoir aimé. Or Dieu est cet Amour plénier, ce « Feu dévorant » (Deutéronome 4, 24)

« Détourne ta face de mes fautes, et tout mon mal, efface-le. **Dieu, crée pour moi un coeur pur,** restaure en ma poitrine un esprit ferme; ne me repousse pas loin de ta face, ne m'enlève pas ton esprit de sainteté. (Psaume 51, 11-13)

Un cœur pur est tout livré, (corps, âme et esprit) à ce Feu dévorant qui le purifie. Un cœur pur c'est un cœur qui cherche Dieu de toute son âme et de tout son esprit. Le Seigneur dit : « « Je suis là, à la porte de ton cœur et Je frappe. Si quelqu'un entend ma voix et ouvre, J'entrerai chez lui, Je souperai avec lui, Moi près de lui et lui près de Moi. » (Apocalypse 3,,20) Cette position est celle de l'apôtre Jean qui, dans sa candeur de jeune homme pose sa tête sur le cœur du Christ. Pour Jean qui est allé au tombeau après la mort de Jésus, tout devient lumineux : Jésus n'est plus dans son tombeau, IL est donc ressuscité comme IL l'a dit… Il voit Dieu ! L'Ecriture nous dit que le matin de la Résurrection, Pierre et Jean coururent au tombeau, «Alors entra aussi l'autre disciple, arrivé le premier au tombeau. Il vit et il crut. » (Jean 20, 8) Avec quelle pureté, la lumière se fait dans le cœur de Jean :

« Il vit et il crut ! »

Quelle joie envahit alors le cœur pur. Il peut chanter : « Mon bien aimé est à moi, et moi à Lui » (Cantique des cantique 2,16) **« Il est à moi, celui que mon cœur aime »** (Cantique des Cantiques 3,1) Or celui qui aime ne fait plus ce qu'il veut, mais ce que veut son Bien Aimé. C'est pourquoi, aimer ne signifie pas faire ma volonté, mais Sa Volonté, donc se garder pur. **« Celui qui a mes commandements et qui les garde, c'est celui-là qui m'aime ; or celui qui m'aime sera aimé de mon Père ; et Je l'aimerai et Je me manifesterai à lui. »** (Jean 14, 21)

Aimer, c'est garder les commandements, c'est se garder pur, corps et âme, pour le Seigneur. Cela n'exclut pas le mariage devant le Seigneur, mais cela exclut tout amour adultère, tout amour homosexuel, la pédophilie, la prostitution, etc… Il ne faut pas oublier de purifier son esprit, c'est-à-dire son cœur et ses pensées, car c'est au dedans du cœur, que se trouve le péché d'impureté. Quand un cœur est tout donné au Seigneur, cela devient facile de vivre selon le cœur de Dieu qui nous habite, car « Nous sommes le temple de l'Esprit » Dieu veut demeurer en nous et nous pose cette question : **« Veux-tu vivre avec Moi ? »** Alors la joie de l'Esprit habite la personne, malgré l'épreuve. Elle est accablée, mais pas terrassée !... Dieu est déjà vainqueur ! « Rien ne pourra nous séparer de cet Amour de Dieu en Jésus Christ » nous dit saint Paul.

Un cœur pur reflète la pureté que Dieu met dans l'âme, mais aussi il voit avec discernement ce que Dieu est en train de faire. Dieu est toujours à l'œuvre, tandis que notre louange est encore trop petite face aux splendeurs que Dieu fait. Le pardon, ce n'est pas le raccommodage d'une âme écorchée, c'est la recréation de tout l'être !... C'est pourquoi les plus grands pécheurs peuvent devenir les plus grands saints. La pureté du cœur n'étant que la sanctification donnée par l'abondance de l'Amour du Père. Une de mes amies disait à sa petite fille : « le bonheur, c'est Dieu en toi… » Quelle merveilleuse définition du cœur pur !

       « Toi, mon bien-aimé, ma bien-aimée,
       donne-moi ton cœur ! » dit le Seigneur.

N'oublions pas que l'ennemi veut détruire la pureté du cœur et du corps ! Tenons-nous sur nos gardes ! Disons sans cesse au Seigneur : « Délivre-nous du malin... » Eloignons-nous de ce qui pollue les yeux et le cœur, afin de ne pas pécher. Rappelons-nous que celui qui pèche se blesse lui-même et offense notre Dieu adorable. « Notre rempart, c'est le Seigneur » Prions...

CHAPITRE 22
REJOUIS TOI MARIE

Cette jeune fille s'appelait Marie. L'ange entra auprès d'elle et lui dit : « **Réjouis-toi Marie**, toi qui a la faveur de Dieu, le Seigneur est avec toi !...» (Luc 1,27-28)
La salutation habituelle chez les juifs est « shalom » la paix soit avec vous... La paix que l'on souhaite en disant « shalom » à la personne que l'on rencontre, est déjà tout un programme de bénédictions. Car rien ne se construit sans la paix ! Or l'ange ne souhaite pas la paix à Marie, mais la Joie en disant : « **Réjouis-toi** » c'est-à-dire prend possession de cette joie de la Présence du Seigneur. Car l'ange continue la salutation en disant : « Toi qui a la faveur de Dieu, le Seigneur est avec toi » La présence de Dieu provoque la joie, mais il faut prendre conscience de cette présence de Dieu en nous ! Nous savons avec notre tête et notre mémoire, que Dieu est présent partout, mais nous oublions cette Présence agissante de notre Dieu, car Dieu est toujours à l'œuvre !... « Car Moi, Je fais en vos jours une œuvre, une œuvre que vous ne croiriez pas, si on vous la racontait » (Habacuc 1,5 et Actes des apôtres 13,41)

Réjouis-toi, Marie, de l'œuvre que le Seigneur va faire en toi et par toi ! C'est l'inattendu de Dieu, que le Seigneur va réaliser en Marie : La grandeur de son œuvre dépasse notre conception. La crainte s'empare de Marie. Mais l'ange lui dit : « Sois sans crainte Marie, car tu as trouvé grâce auprès de Dieu. Voici que tu vas être enceinte, tu enfanteras un fils et tu lui donneras le nom de Jésus. Il sera grand et sera appelé Fils du Très Haut... » (Luc 1,30)

Réjouis-toi Marie, car le Seigneur fait en toi, une œuvre grande, prédite par les prophètes : Dieu vient visiter son peuple : « Car la vie s'est manifestée, et nous avons vu et nous rendons témoignage, et nous vous annonçons la vie éternelle qui était tournée vers le Père et s'est manifestée à nous. » (Jean 1,2)

Quelle merveille, Marie, tu portes Dieu et Dieu, par toi, vient planter sa tente parmi nous. La Présence de Dieu en toi est toute particulière. Or aujourd'hui, par l'Esprit Saint, la Présence de Dieu continue son œuvre en nous et par nous. Nous pourrions entendre la voix de l'ange nous dire : « Réjouis-toi, Monique, réjouis-toi, mon fils, réjouis-toi ma fille, réjouis-toi, mon frère, réjouis-toi ma soeur... Car le Seigneur est avec toi !... En effet, Dieu continue son œuvre sur la terre. Nous avons donc deux raisons d'être joyeux :

    La présence de Dieu au milieu de nous

    Dieu à l'œuvre au milieu de nous, et par nous

La présence de Dieu au milieu de nous est confirmée par la Parole de Jésus : « Et Moi, Je suis avec vous tous les jours, jusqu'à la fin des temps » (Matthieu 28,20)

    Présence invisible de Dieu, Père, Fils et Esprit Saint.

    Présence réelle dans l'Eucharistie qui demande notre foi !

    Présence dans chacun des sacrements de son amour.

    Présence dans sa Parole agissante aujourd'hui comme hier.

    Présence dans le cœur de mon frère.

    Présence dans chaque geste d'amour vrai et désintéressé.

Dieu est à l'œuvre au milieu de nous. Jésus a dit : « Mon Père est à l'œuvre jusqu'à présent, et J'œuvre Moi aussi » (Jean 5,17) « C'est le Père, qui demeurant en Moi, accomplit ses propres œuvres » (Jean 14,10) « L'œuvre de Dieu, c'est de croire en Celui qui l'a envoyé » (Jean 6-29) « Qui croît au Fils, a la Vie Eternelle » (Jean 3,36)

Aujourd'hui Dieu est à l'œuvre, par son Saint Esprit, comme IL a été à l'œuvre en Marie. Recevoir l'Esprit Saint, c'est recevoir Dieu en action. C'est par l'Esprit Saint qu'on reçoit Jésus Eucharistie en son Cœur. « En vérité, en vérité, recevoir celui que J'enverrai, c'est me recevoir moi-même et me recevoir, c'est aussi recevoir Celui qui m'a envoyé. » (Jean 12,20) Dieu à l'œuvre par nous : Jésus a accompli des œuvres magnifiques, signe de son amour pour les hommes. Dieu veut continuer aussi par nous, son œuvre d'amour : « **En vérité, en vérité, Je vous le dis, celui qui croit en Moi, fera lui aussi, les œuvres que Je fais, il en fera même de plus grandes, parce que Je vais au Père. Tout ce que vous demanderez en Mon Nom, Je le ferai, de sorte que le Père soit glorifié dans le Fils. Si vous demandez quelque chose en mon Nom, Je le ferai** » (Jean 14,12)

Prière

Réjouis-toi Marie comblée de grâce, Le Seigneur est avec toi. Tu es bénie plus que toutes les femmes. Et Jésus, le fruit de ton sein est béni. Sainte Marie mère de Dieu, prie pour nous, tes enfants, afin que l'œuvre de Dieu se fasse aussi en nous, suivant Son Amour.

Il est dit que tout a été fait par Dieu, j'oserai dire que Dieu a voulu que tout se fasse pour notre salut par l'acceptation d'une toute jeune fille qui fait confiance à son Dieu ! Réjouis-toi Marie, le Seigneur est avec toi ! Il est à l'œuvre Celui qui te dit :
« **Tout ce que vous demanderez en Mon Nom, Je le ferai** »
Quand la messe commence, le prêtre nous adresse cette salutation : « La grâce de Jésus, notre Seigneur, l'Amour de Dieu le Père et la communion de l'Esprit Saint soient toujours avec vous » et nous répondons : « Et avec votre esprit » C'est cette grâce incomparable qui est à l'œuvre aujourd'hui !

CHAPITRE 23

HEUREUX CEUX QUI PLEURENT

CAR ILS SERONT CONSOLES

Nous pourrions ajouter : consolés par le Seigneur lui-même, car il n'est sur la terre aucune consolation pour un deuil. Tout deuil est cruel. Tout deuil est séparation, arrachement, privation de tendresse reçue ou donnée ! Seul le Seigneur peut venir à nous, tel un Simon de Cyrène pour porter notre croix. Je voudrai te dire à toi qui pleure un être cher et plus particulièrement si c'est ton enfant : Je connais ta peine, j'ai vécu ta souffrance, mais le Seigneur dans sa bonté est venu jusqu'à moi, dans la prière, tel un Simon de Cyrène, pour porter ma croix. De ma gorge nouée, il a fait sortir dans l'épreuve même, un chant de louange car : Jésus, notre frère, est vainqueur du Mal !...

IL EST SORTI VICTORIEUX DU TOMBEAU

Il est Vivant pour toujours et mon fils l'a rencontré…il est vivant en Lui et par Lui et maintenant il vit pour Lui. Mes yeux de chair ne le voient pas, mais par la foi, je peux m'unir à toute cette louange céleste, où le Seigneur Jésus est adoré dans l'allégresse. De morts, il n'y en a plus !...brûlés par le Feu de l'Esprit Saint…Tous chantent dans une même harmonie, ce cantique éternel au Dieu Très Haut :

SAINT... SAINT... SAINT !...

Dans la connaissance incessante de Dieu qui se découvre à l'infini !...Dans un bonheur inimaginable pour nous. Que cette joie du Royaume te réconforte dans la tristesse de la séparation, car tout l'amour que le cœur de celui que tu pleures, désirait, tel un assoiffé, le Seigneur le déverse à flot en lui, comme en mon enfant, car Sa Miséricorde n'a d'égal que Sa Grandeur ; Sa Grandeur n'a d'égal que Son Esprit

Saint et Son Esprit est : Amour Infini... Amour inextinguible... Amour inépuisable... Puisses-tu, comme le dit saint Paul connaître : « la longueur, la hauteur, la largeur de l'amour de Dieu, manifesté en

JÉSUS CHRIST ! »

Alors au fond de ton cœur, tu entendras, cette parole dite au bon larron, et dont tu peux t'emparer, car l'amour manifesté à cet homme est le même, que celui qui est manifesté à celui que ton cœur aime : « **En vérité Je te le dis, aujourd'hui, tu seras avec Moi dans le paradis** » (Luc 23-42) « Je te manifeste Ma Tendresse, dit Celui qui te rachète, le Seigneur » (Isaïe 54,8) De la croix du Christ, ne coule aucune amertume contre ses bourreaux et contre nous, mais l'amour pardonnant, comme un fleuve de sang !... Dans l'abandon au Père, comme Jésus, fais confiance. Ton enfant bien aimé est Son Fils Bien Aimé, ton unique est Son Unique. Il est aimé du même amour, dont le Père a aimé Jésus : c'est le Feu de l'Esprit, à l'œuvre, aujourd'hui. Je voudrai te dire encore, que j'ai redonné mon enfant au Père, dans un enfantement spirituel, chaque fois, que la douleur remontait, je présentais mon fils à Dieu, je Lui redonnais celui qu'IL avait créé pour Lui. Ma peine disparaissait immédiatement. Le travail du deuil est ce travail du don dans la prière : c'est couper le cordon ombilical de l'amour qui nous unissait !... Sans le Seigneur, je me serai effondrée en larmes incessantes ; avec Lui, grâce à Lui, je vis dans la paix et la louange de ce qu'il a porté mon fils dans Sa Gloire. N'oublions jamais les paroles du Seigneur : « **En ce monde, vous êtes dans la détresse, mais prenez courage, J'ai vaincu le monde** » (Jean 16,33) **Jésus lui dit : « Je suis la Résurrection. Qui croit en moi, même s'il meurt, vivra** » (Jean 11, 25)

Viens Esprit Saint Consolateur, viens nous visiter... force et douceur de la grâce du Seigneur... viens en nos cœurs, répands l'Amour du Père... et donne-nous ta Vie Eternelle ! « J'entendis venant du trône, une voix forte qui disait : « Voici la demeure de Dieu avec les hommes. IL demeurera avec eux... IL essuiera toutes larmes de leurs yeux, la mort ne sera plus. Il n'y aura p^lus ni deuil, ni cris, ni souffrance, car le monde ancien aura disparu... A celui qui a soif, JE donnerai de l'eau vive gratuitement. » (Apocalypse 21, 3-5)

        Gloire à Dieu notre Père dans les cieux
        Gloire au Fils qui monte des enfers
        Gloire l'Esprit de force et de sagesse
        Dans tous les siècles des siècles. Amen !

CHAPITRE 24

JE CHERCHE LE BONHEUR

Je cherche le bonheur, mais je ne puis l'apprécier que si je l'ai déjà vécu ou du moins entrevu dans le passé. Il fait alors partie de mon vécu. Je peux y penser avec nostalgie. Or notre vrai bonheur n'est pas dans le passé, mais dans le présent ! Il vient de Dieu qui nous dit par la bouche d'Isaïe : « **Tu comptes beaucoup à mes yeux, tu as du prix et je t'aime.** » (Isaïe 43, 4) Nous pouvons apprécier le bonheur qui vient de notre Seigneur adorable à ce qu'il est durable : c'est un commencement d'Eternité, alors que le faux bonheur sur la terre nous donne un terrible malaise de finitude. Cependant Dieu met gratuitement à nos pieds des splendeurs de sa grâce, comme une mère, un père, un époux, une épouse, un enfant, des amis, une fleur, le ciel, une montagne ou la mer, sans oublier le charme particulier du désert ou de la forêt, et nous oublions de louer le Seigneur pour tous ses dons, car nous avons perdu notre capacité d'émerveillement d'enfant... Pour entrer dans le ciel et être pleinement heureux, il faut redevenir « petit enfant » Le royaume de Dieu est fait pour les enfants et ceux qui leur ressemblent. En effet, Jésus a dit : « **En vérité je vous le dis : quiconque n'accueille pas le Royaume de Dieu en petit enfant, n'y entrera pas.** » (Luc 18, 17) Le secret du bonheur est là ! Par conséquent nous sommes tous ici-bas des enfants en devenir. C'est une nécessité. Ce désir de bonheur est inscrit dans notre cœur, dans le cœur d'enfant de chaque homme. Une religieuse, sœur Marie Claude cherchait auprès des malades, l'enfant que cette personne avait été... Jésus donne la condition pour entrer dans le Royaume : « **En vérité, en vérité, je te le dis, à moins de naître d'eau et d'Esprit, nul ne peut entrer dans le Royaume de Dieu.** » (Jean 3, 5) Aspirons à l'Esprit Saint !... Car aujourd'hui nous confondons le bien être et le bonheur. Le premier nous paraît plus accessible : notre désir légitime d'être heureux, devient une quête permanente qui se heurte à notre condition mortelle. Alors tout notre échafaudage s'écroule. Nous ne sommes plus maître de la situation. Nous pouvons même nous révolter contre Dieu qui permet la mort !... Or notre vrai bonheur est dans la soumission à Dieu, même si je ne comprends pas. Mon bonheur est dans la confiance volontaire dans les Paroles de Son Fils Jésus !... Il est justement venu pour « détruire les œuvres du diable » Notre Dieu nous aime tant, qu'il nous invite à partager Sa Joie : « Il y a plus de joie dans le ciel, pour un pécheur qui fait pénitence » c'est-à-dire pour un homme qui a le courage de voir qu'il s'est trompé de bonheur et qui a pris les petits plaisirs pour le vrai bonheur. Donc qui fait maintenant confiance à Dieu et l'aime, Lui, son créateur et son unique Sauveur. Ainsi la joie du ciel va déborder dans son cœur. La paix de Dieu va l'envahir !... Cette paix, cette joie sont les prémices de la paix et de la joie du Royaume dans leur plein accomplissement. Les vrais saints sont des gens heureux : leur Bien Aimé Jésus habite en eux par son Esprit Saint et rien, ni personne ne peut leur enlever leur bonheur qui va s'épanouir à leur mort, quand « ils passeront de la mort à la vie » parce qu'ils croient de tout leur coeur dans la Parole du Christ Jésus. On ne peut être heureux sur la terre que si l'on se sait « aimé ». Un enfant qui se sait aimé, pourra grandir sans problème, malgré les épreuves. Etre aimé dans le mariage est une grande joie, mais le cœur de l'homme est fait pour vivre cette joie, sous regard de Dieu. Le cœur de l'homme aspire à Dieu dans tous les états de vie. L'homme est un assoiffé de Dieu, même s'il ne Le connaît pas. Le Seigneur Jésus a dit : **« Je me tiens à la porte et Je frappe, Si tu m'ouvres ton coeur, Je ferai chez toi ma demeure. »**

« Nos contemporains sont tristes, car ils attendent l'infini du fini » dit Mgr Pascal Ide. Tous mes petits bonheurs légitimes et familiaux, toutes mes petites passions, (peinture, photos…) ne rempliront pas mon cœur, même si pour un instant, j'en éprouve du plaisir. Le vrai Bonheur est un don de Dieu qui fait dépasser les épreuves. La vraie joie ne nous quittera pas, ni dans les jours heureux, ni dans les jours difficiles de la maladie et du deuil, car elle a pour soutien la Foi et l'Espérance. On va découvrir qu'il est plus important d'aimer que de chercher à être aimé, en ayant la certitude d'être Bien Aimé de Dieu. Je suis créé pour le bonheur de vivre avec Lui, par Lui et pour Lui. Le chemin du bonheur va devenir comme pour notre maître, mais à notre échelle : un abaissement, une soumission de tout notre être qui ensuite va trouver son ascension, à la suite du Christ : Seul Vrai Chemin de Bonheur sans fin. N'oublions pas le sens étymologique du mot « enthousiasme » : transport provoqué par Dieu ; élan vers Dieu. Avec enthousiasme écoutons la Parole de Jésus : **« Venez à Moi, vous tous qui peinez, prenez sur vous mon joug, il est léger et Je vous donnerai le repos »** (Matthieu 11,29) **« Heureux les pauvres de cœur, car le Royaume des Cieux est à eux »** (Matthieu 5,3)

Avec un cœur simple et pauvre de tout bonheur, allons vers Jésus qui nous enrichira de Sa Paix et de Sa Joie. « Acclamez le Seigneur toute la terre, servez le Seigneur dans l'allégresse, venez à lui avec des chants de joie ! Sachez-le, c'est Yahvé qui est Dieu, il nous a faits et nous sommes à lui, son peuple et le troupeau de son bercail. Venez à ses portiques en rendant grâce, à ses parvis en chantant louange, rendez-lui grâce, bénissez son nom ! Il est bon, le Seigneur YHWH, éternel est son amour, et d'âge en âge, sa vérité. » (Psaume 1-5)

CHAPITRE 25

HEUREUX LES INVITES

« Heureux ceux qui sont invités au repas du Seigneur. » Dans cette phrase prononcée par le prêtre avant de donner la communion aux fidèles, deux mots me frappent :
Heureux et Repas.
Que celui qui se sent invité, vienne !
Que celui qui entend cette invitation, vienne !
Et il sera heureux de découvrir que le Seigneur a préparé un repas : en effet, Jésus dit à ses apôtres : « J'ai tellement désiré manger cette Pâque avec vous avant de souffrir. Car Je vous le déclare jamais plus Je ne la mangerai jusqu'à ce qu'elle soit accomplie dans le Royaume de Dieu. IL reçut alors une coupe et après avoir rendu grâce, IL dit : « Prenez-la et partagez entre vous, car Je vous le déclare, Je ne boirai plus désormais du fruit de la vigne jusqu'à ce que vienne le Royaume de Dieu » Puis IL prit du pain, et après avoir rendu grâce, IL le rompit et le leur donna en disant : **« Ceci est mon Corps donné pour vous.** Faites cela en mémoire de Moi. Et pour la coupe IL fit de même, en disant : **« cette Coupe est la nouvelle alliance en mon Sang versé pour vous. »** (Luc 22,15)

Le mystère de ce repas, c'est le Seigneur lui-même qui se donne en nourriture pour remplir ses apôtres de Sa vie. C'est là où Dieu réalise cette union profonde avec l'homme. Aujourd'hui, le prêtre, en mémoire du Seigneur, redit les paroles de Jésus. C'est l'Esprit Saint qui sanctifie le pain et le vin pour qu'ils deviennent Corps et Sang de Jésus !... L'invité de notre cœur, c'est donc le Seigneur de Gloire. Quelle joie de recevoir Celui qui est Dieu, dans notre cœur misérable ! Mais n'oublions jamais par quelle Passion a dû passer Jésus avant d'entrer dans Sa Gloire !... Comment ne pas être heureux de participer au repas du Seigneur ! Dieu vient demeurer en nous :

> « Celui qui mange ma chair et boit mon sang,
> demeure en Moi et Moi en lui »
> (Jean 6,56)

« Tu es béni Seigneur de l'Univers, Toi qui nous donnes ce pain qui est le Pain de Vie » « Comme cette eau se mêle au vin pour le sacrement de l'Alliance, puissions-nous être uni à la divinité de Celui qui a pris notre humanité » (Liturgie de la messe) C'est dans la foi au Christ que nous recevons son Corps. Tandis que dans le Royaume, au temps du triomphe de l'Agneau, nous participerons dans la claire vision aux noces de l'Agneau, ce repas de fête extraordinaire préparé par le Seigneur lui-même : comme le décrit le prophète Isaïe (25,6) : « Le Seigneur, le Tout Puissant va donner sur cette montagne un festin à tous les peuples, un festin de viandes grasses et de vin vieux, de viandes grasses succulentes et de vins vieux décantés. IL fera disparaître sur cette montagne le voile tendu sur tous les peuples… **IL fera disparaître la mort pour toujours. Le Seigneur Dieu essuiera les larmes sur tous les visages…** »

Comment ne pas être dans la joie, car nous serons consolés par le Seigneur même qui essuiera les larmes de nos visages et détruira la mort pour toujours. « Vraiment il est juste et bon de Te glorifier, Seigneur ! Tu as vaincu la mort et en détruisant un monde déchu, Tu as fait une création nouvelle et c'est de Toi que nous détenons désormais la Vie que Tu possèdes en Plénitude… Avec les anges et toutes les créatures des cieux, nous pouvons chanter : cette mélodie harmonieuse de louange !… » (D'après une préface de Pâques)

Saint ! Saint ! Saint !…

Les œuvres du Seigneur sont grandes. Par la bouche du prophète Isaïe (26) Dieu disait déjà : « Exultez sans fin, réjouissez-vous de ce que Moi, Je vais créer. Alléluia ! Car le Seigneur notre Dieu, Tout Puissant, a manifesté son règne. Réjouissons-nous,

soyons dans l'allégresse et rendons-Lui gloire, car voici les noces de l'Agneau...
« **Heureux ceux qui sont invités au festin des noces de l'Agneau.** »
(Apocalypse 19,6ss)

> « L'Esprit et l'épouse disent viens !
> Que celui qui entend dise : viens !
> Que celui qui a soif vienne
> Que celui qui le veut,
> Reçoive de l'eau vive gratuitement »
> (Apocalypse 22,17)

C'est dans la foi obscure que nous recevons ce Seigneur de Gloire qui, dès maintenant console et fait vivre de sa Vie, car la Vie Eternelle est déjà commencée. Réjouissons-nous d'être invités au repas du Seigneur : « **Celui qui mange ma chair et boit mon sang, a la Vie Eternelle** » (Jean 6,54) « **Tout cela, dit Jésus, Je vous l'ai dit, pour que ma joie soit en vous et que votre joie soit complète** » (Jean 15,11)

« Dieu, Toi qui es la fête éternelle, transfigure nos lamentations d'exilés, en Cantique des Cantiques de l'Epoux et de l'épouse et conduis-nous jusqu'à la grande réunion de fête, cette panégyrie inépuisable chantée par l'épître aux Hébreux. » *(un dominicain)*

CHAPITRE 26

IVRES DE JOIE

« Ivres de Joie, vous puiserez les eaux,
Aux sources du salut. » (Isaïe 12,3)

Quand, en Palestine, Jésus se retirait seul, pour prier le Père, c'était dans la communion du Saint Esprit. C'est une reconnaissance extraordinaire du Père, source de tout bien, dans une prière toute animée de l'Esprit, Jésus, notre frère aîné dans la foi, récapitule en Lui, toute l'humanité qu'IL est venu sauver et non juger. Dans cet échange merveilleux entre les trois personnes de la Trinité, l'Amour englobe toute les prières de l'humanité dans cette adoration du Père : « **ABBA** : mon petit papa chéri que j'aime » : « Je suis venu pour faire Ta Volonté !... » Notre Père au-dessus de tout qui dans son Amour débordant pour l'homme lui envoie Son Fils, Son Unique, puis le Paraclet, notre défenseur, notre Lumière, notre Vie, notre Résurrection. Si vous voulez devenir « ivres de joie » et puiser les eaux aux sources du salut, il faut, comme Jésus, entrer dans la Prière : « **Pour toi, quand tu pries, retire-toi dans ta chambre, ferme sur toi la porte et prie ton Père qui est là dans le secret ; et ton Père qui voit dans le secret, te le revaudra.** » (Matthieu 6-6)

Avec Jésus, vous allez pénétrer dans l'intimité du Dieu Vivant qui a pour nom : « **ABBA** » Père. Or pour puiser les eaux vives du Saint Esprit, il faut simplement et gratuitement le demander à Jésus qui prends ses délices avec les enfants des hommes ! Avez-vous pensé qu'en venant à Lui, vous faisiez la joie du Père qui vous le revaudra par l'abondance de son Esprit. Aucune limite au torrent d'amour ! Aucun barrage ! « Non rien ne pourra te séparer de l'Amour du Père… manifesté en Jésus Christ ». « Qui nous séparera de l'Amour du Christ ? La détresse, l'angoisse, la persécution, la faim, le dénuement, le danger, le glaive ?...Oui ! J'en ai l'assurance, ni la mort, ni la vie ; ni les anges, ni les dominations ; ni le présent, ni l'avenir, ni les puissances, ni les forces des hauteurs, ni celles des profondeurs, ni aucune autre créature, rien ne pourra nous séparer de l'Amour de Dieu manifesté en Jésus Christ, notre Seigneur. » (Romains 8,35-39) Fort de cette assurance, vous pouvez donc entrer dans l'intimité du Père et recevoir cette ivresse du Saint Esprit en criant ; « **ABBA** » sous l'action du Saint Esprit. Le jour de la Pentecôte, les apôtres furent tous remplis d'Esprit Saint et se mirent à parler dans d'autres langues, comme l'Esprit leur donnait de s'exprimer ... Nous les entendions annoncer dans nos langues les merveilles de Dieu. (Actes chapitre 2) Certains disaient-ils sont pleins de vin doux, alors que cette ivresse venait du Saint Esprit et leur faisait proclamer les merveilles de Dieu. C'est ainsi qu'ivres de Dieu, nous aussi, nous pouvons puiser aux sources du salut dans la prière. Jésus n'a-t-il pas dit que tout ce que nous demanderons en Son Nom,, le Père nous l'accorderait ? » Le cœur de Dieu est inépuisable de Bonté, de Pardon, de Vie, de Joie, de Paix ! Avez-vous pensé à demander de puiser à pleines mains, à plein cœur, cet Amour qui ne s'éteint pas. Le Père est source de tout Amour et c'est par Son Fils et l'Esprit Saint qu'il répand ses bienfaits. Si vous découvrez le sens et la force de la prière, jamais vous ne pourrez en sortir, jamais vous ne pourrez laisser votre Maître et Seigneur au fond de votre cœur sans Le remercier pour chaque chose. Comme les 3000 premiers convertis qui entendaient en leur langue les merveilles de Dieu, vous allez vous écrier : « que dois-je faire ? » Pierre leur répondit : « Convertissez-vous, que chacun de vous reçoive le baptême au Nom de Jésus Christ pour le pardon de ses péchés et vous recevrez le don du Saint Esprit » (Actes 2,38) Je veux, ivre de Joie, puiser aux sources même du Cœur de Dieu, car Jésus a dit : « **Venez à Moi, vous tous qui peinez et ployez sous le poids du fardeau, et Moi, Je vous soulagerai** »

J'irai vers mon Père et je lui dirai : « Notre Père, que Ton nom soit sanctifié ! Que ton règne vienne ! Que Ta Volonté soit faite sur la terre comme au ciel ! » En pensant que dans le ciel, la Volonté de Dieu parfaitement accomplie, devient la Joie des Bienheureux qui chantent :

SAINT, SAINT, SAINT, LE SEIGNEUR !

« Avec joie, rendez grâce au Père qui vous a rendu capables d'avoir part à l'héritage des saints dans la Lumière. IL nous a arraché au pouvoir des ténèbres et nous a transférés dans le Royaume du Fils de Son Amour, en qui nous avons la délivrance, le pardon des péchés. IL est l'image du Dieu invisible… Tout est créé par Lui et pour Lui. (Colossiens 1-12) Mais la plus grande des merveilles, c'est que : « Lui qui est de condition divine… devenant semblable aux hommes… IL s'est humilié, devenant obéissant jusqu'à la mort, à la mort de la croix » (Philippiens 2,5) Tout cela pour nous et notre salut. Alors comment ne pas puisez dans la prière avec joie aux sources du salut, d'où nous viennent toutes bénédictions ? Nous nous apercevrons que : « La main du Seigneur n'est pas trop courte pour sauver, ni son oreille trop dure pour entendre » (Isaïe 59,1)

A LUI SOIT LA GLOIRE POUR L'ETERNITE !

CHAPITRE 27

MON BONHEUR C'EST TOI

Mon bonheur, c'est Toi, dit l'amoureux !
« Que tu es belle, ma compagne ! Que tu es belle !
Tes yeux sont comme des colombes à travers ton voile !...
Tu es toute belle, ma compagne !...
Les grandes eaux ne pourraient éteindre l'Amour
Et les fleuves ne le submergeraient pas... »
(Cantique des cantiques)

À l'image de Dieu, l'homme et la femme ont été créés !... À cause de cela, Dieu dit : « Mes délices sont d'être avec les enfants des hommes » (Proverbes 8,31) Non seulement Dieu vient dresser sa tente parmi les hommes, mais il veut encore une plus grande intimité : Jésus n'a-t-il pas dit : « Si quelqu'un m'aime, il observera ma Parole et mon Père l'aimera : nous viendrons à lui et nous établirons chez lui, notre demeure. » (Jean 14,23) Jésus laissera sa paix en premier cadeau de son amour : « Je vous laisse la paix, Je vous donne ma paix. Ce n'est pas à la manière du monde que Je vous la donne. » (Jean 14,27) « Goûtez et voyez comme est doux, le Seigneur » (Psaume 33,9) Car Dieu est toujours là, comme un amoureux qui ne se lasse pas d'être aux côtés de celui ou celle qu'il aime ! Dieu était là et je ne le savais pas ! Ce sont nos péchés qui creusent un écart entre Dieu et nous, c'est-à-dire qui nous empêchent de voir que Dieu est là et ne cesse de nous dire par Jésus : « Venez à Moi, vous tous qui êtes fatigués et ployez sous le fardeau et Je vous donnerai le repos » (Matthieu 11,28) Qu'est-ce que « se reposer en Dieu ? » C'est faire confiance complètement à notre Dieu qui sait mieux que moi, ce qui m'est bon... Ce qui est mauvais... Ce qu'il faut que je fasse... Ce qu'il faut que je taise... Qui me donne les mots de ma prière... Qui m'écoute à tout moment de la journée... Qui m'exauce le moment venu... Qui accueille ma vie à la mort... Qui m'emmène dans sa Gloire !... car : « Le Seigneur est ma Lumière et mon salut ; qui craindrais-je ? » (Psaume 26,1) « Tu sauras que Je Suis le Seigneur, ceux qui espèrent en Moi, ne seront pas déçus » (Isaïe 49,23) « Car Celui qui est plein de Tendresse, les conduira » (Isaïe 49,10)

Que pourrais-je craindre après cela : mon Bien Aimé est à moi ; en Lui, je mets ma confiance ; Ses paroles sont plus fortes que la mort : Jésus n'a-t-il pas dit : « Lazare, sors ! » et le mort, depuis quatre jours, sortit du tombeau !... Je sais que ma confiance pourra être mise à l'épreuve, mais la joie que le Seigneur a mise en mon cœur, sera la plus forte, car Jésus a dit : « En vérité, en vérité, Je vous le dis, vous allez gémir et vous lamenter, tandis que le monde se réjouira ; vous serez affligés, mais votre affliction se tournera en joie, mais Je vous verrai à nouveau, votre cœur alors se réjouira et cette joie, nul ne vous la ravira. » (Jean 16,20-22) « Père, Je veux que là où Je suis, ceux que Tu m'as donnés, soient aussi avec Moi et qu'ils contemplent la Gloire que Tu m'as donnée, car Tu m'as aimé dès avant la fondation du monde » (Jean 17,24)

Quel est l'amoureux qui ne désire la présence de celle que son cœur aime ! Quelle est la mère qui ne désire la présence de son époux et de ses enfants, auprès d'elle ! Quel est le père qui ne désire, voir tous ses enfants heureux autour de lui !... Mais peut-être, votre cœur est dans la désolation, alors ne vous laissez pas aller au découragement :

Comme Jésus, priez le psaume 22 et dans un cri : « dites : « Mon Dieu, mon Dieu, pourquoi m'avez-vous abandonné ? »

Comme Jésus, vous allez continuer à lire ce psaume et vous serez étonnés, qu'au milieu de tant de souffrances, avec Jésus, vous puissiez dire :

« IL n'a pas rejeté, ni réprouvé un malheureux dans sa misère ;

« IL ne lui a pas caché Sa Face, IL a écouté quand je criais vers Lui
« Ils louent le Seigneur ceux qui Le cherchent : à vous longue et heureuse vie !
« Toutes les familles des nations se prosterneront devant Sa Face »

À Dieu qui seul, délivre de tout mal et de la mort : je peux dire cette prière : « Je tressaillirai de joie en Dieu, mon Sauveur. Je chanterai au Seigneur qui m'a comblé de biens » (Psaume 12,6) Avec le ciel tout entier, votre cœur se réjouira parce qu'un pécheur aura enfin trouvé son Sauveur, car le Seigneur ne veut pas la mort du pécheur, mais qu'il vive... Ce pécheur, c'est moi ! « Il y aura plus de joie dans le ciel pour un pécheur qui fait pénitence que pour 99 justes qui n'ont pas besoin de pénitence »

Vous pourrez aussi dire avec moi, : « Seigneur, je ne suis pas digne que vous entriez chez moi, mais dites une seule parole et je serai guéri(e) » (c'est-à-dire sauvé(e), car « Sotzo » signifie à la fois « guéri » et « sauvé » N'oublions jamais que tout ce que Jésus a pu faire parmi les hommes, IL l'a fait grâce à la confiance pure de la Vierge Marie. En nous mettant sous la protection maternelle de Marie, nous pouvons vivre en paix, dans la Présence de Jésus, son Fils venu pour « converser familièrement avec les hommes » (Bar 3,38). Car « Dieu n'a pas envoyé son Fils dans le monde pour juger le monde, mais pour que par Lui, le monde soit sauvé » (Jean 3,17)
« Vois, J'ai gravé ton nom sur la paume de mes mains » (Isaïe 49,16)
Car nos péchés ont enfoncé les clous !... Quand on réfléchit à la grandeur de l'Amour de Dieu, on ne peut alors qu'être dans la joie de Le chanter. Comme Job nous pourrons nous écrier : « Qu'est ce que l'homme pour que Vous fassiez de lui si grand cas ? » (Job 7,17) Notre réponse à son amour si prévenant sera comme celle de la fiancée du Cantique des Cantiques : « Mon Bien Aimé est à moi et je suis à Lui » (Cant 2,16) « Mon bonheur à moi, c'est d'être auprès de Dieu » (Psaume 72,28)

CHAPITRE 28

DANSER DE JOIE

Qui peut imaginer notre Dieu qui nous fait danser de joie ? Parmi nos deuils, nos épreuves, le Seigneur est là avec toute la joie contenue dans son coeur. D'autre part le but de notre vie est bien le Royaume de Dieu. « Envoie ta Lumière et Ta Vérité, elles me guideront, me feront parvenir à ta montagne Sainte et à tes demeures. Je parviendrai à l'autel de Dieu, au Dieu qui me fait danser de joie, et je Te célébrerai sur la cithare, Dieu, mon Dieu. » (Psaume 43-3ss)

« **Pour moi, tu as changé le deuil en une danse.** » (Psaume 30,12)
« Louez le Seigneur par la danse et le tambour » (Psaume 150,4)

Le Seigneur lui-même est plein de joie : « En ces jours-là on dira à Jérusalem : « N'aies pas peur Sion, que tes mains ne faiblissent pas ; le Seigneur ton Dieu est au milieu de toi, en héros vainqueur. IL est tout joyeux à cause de toi, dans son amour, IL te renouvelle, IL jubile et crie de joie à cause de toi. » (Sophonie 3,17) « Mais les justes se réjouissent, ils exultent devant Dieu, au comble de la joie. Chantez pour Dieu, chantez son Nom » (Psaume 68,4-5) « Ton amour me fait danser de joie : devant moi, tu as ouvert un passage. » (Psaume 30) Pour tous les saints, comme pour tous les miens, pour mes frères, comme pour moi, Seigneur, Tu veux nous faire revivre grâce à ton Fils Jésus, mort et ressuscité d'entre les morts . Déjà dans l'Ancien Testament, dans le livre d'Isaïe, Tu te révèles Seigneur, comme Celui qui donne la vie après la mort : « Ce jour-là le Seigneur, Dieu de l'univers, préparera pour tous les peuples, sur sa montagne, un festin de viandes grasses et de vins capiteux, un festin de viandes succulentes et de vins décantés. Il enlèvera le voile de deuil qui enveloppait tous les peuples et le linceul qui couvrait toutes les nations. Il

détruira la mort pour toujours. Le Seigneur essuiera les larmes sur tous les visages, et par toute la terre, il effacera l'humiliation de son peuple ; c'est Lui qui l'a promis. Et ce jour-là, on dira : « Voici notre Dieu, en lui nous espérions, et il nous a sauvés ; c'est lui le Seigneur, en lui nous espérions ; exultons, réjouissons-nous : il nous a sauvés ! Car la main du Seigneur reposera sur cette montagne. » (Isaïe 25, 6-10a)

« Tu me rachètes, Seigneur, Dieu de vérité. Ton amour me fait danser de joie : devant moi, tu as ouvert un passage. Sur ton serviteur, que s'illumine ta face ; sauve-moi par ton amour. Tu combles, à la face du monde, ceux qui ont en toi leur refuge. » (Psaume 30)

Paul, l'apôtre de Jésus, nous révèle dans sa lettre aux Corinthiens, ce que le Seigneur Jésus avait dit, lui-même, et que nous lirons dans l'évangile : la mort est vaincue !... « Frères, c'est une chose mystérieuse que je vous annonce : même si nous ne mourons pas tous, nous serons tous transformés, et cela instantanément, en un clin d'oeil, quand retentira le signal au dernier jour. Il retentira, en effet, et les morts ressusciteront, impérissables et nous serons transformés. Car il faut que ce qui est périssable en nous devienne impérissable ; il faut que ce qui est mortel revête l'immortalité. Et quand ce qui est périssable sera devenu impérissable, quand ce qui est mortel aura revêtu l'immortalité, alors se réalisera la parole de l'Écriture : « La mort a été engloutie dans la victoire. Ô Mort, où est ta victoire ? Ô Mort, où est ton dard venimeux ? « Le dard de la mort, c'est le péché ; ce qui renforce le péché, c'est la Loi. Rendons grâce à Dieu qui nous donne la victoire par Jésus Christ, notre Seigneur. » (Première lettre de saint Paul Apôtre aux Corinthiens 15, 51-57)

Jésus qui a pris chair de la Vierge Marie, nous montre le chemin de la Vie Eternelle, de ce Bonheur sans fin, qui aujourd'hui met mon coeur en joie. Dans l'Évangile de Jésus Christ selon saint Jean (6,51-58) nous lisons : « Après avoir multiplié les pains, Jésus disait à la foule : **« Moi, Je suis le pain vivant, qui est descendu du ciel : si** quelqu'un mange de ce pain, il vivra éternellement. Le pain que je donnerai, c'est ma chair, donnée pour que le monde ait la vie. » Les Juifs discutaient entre eux : « Comment cet homme-là peut-il nous donner sa chair à manger ? » Jésus leur dit alors : « Amen, amen, Je vous le dis : si vous ne mangez pas la chair du Fils de l'homme, et si vous ne buvez pas son sang, vous n'aurez pas la vie en vous. Celui qui mange ma chair et boit mon sang, a la vie éternelle ; et Moi, je le ressusciterai au dernier jour... Celui qui mange de ce pain, vivra éternellement »

« Tu me rachètes, Seigneur, Dieu de vérité ; Ton amour me fait danser de joie : devant moi, tu as ouvert un passage. » (Psaume 30) La joie que le Seigneur me donne par sa Parole, nul ne pourra me la ravir. Je suis baptisée dans la mort et la résurrection du Christ Jésus. J'attends avec confiance la réalisation des promesses du Christ.

CHAPITRE 29
TON REGNE DE JOIE

Quand dans notre prière, que Jésus nous a apprise, nous disons : « Notre Père, que ton Règne vienne sur la terre, comme au ciel !... » Pensons-nous que ce règne sur nous, parfaitement réalisé au ciel, est un règne de Joie et que Jésus a enseigné tout spécialement ses disciples, avant de mourir, afin que : **« Sa joie soit en eux et que cette joie soit complète »** (Jean 15,11)

> Amour qui nous attend au terme de l'histoire,
> Ton royaume s'ébauche à l'ombre de la croix :
> Déjà sa lumière traverse nos vies,
> Jésus, Seigneur, hâte le temps !
> Reviens, achève ton oeuvre !
> **Stance**

Quand verrons-nous ta gloire transformer l'univers ?
Jusqu'à ce jour nous le savons, la création gémit en travail d'enfantement. Nous attendons les cieux nouveaux, la terre nouvelle où régnera la justice. Nous cheminons dans la foi, non dans la claire vision jusqu'à l'heure de ton retour. (E 173-1)

Un grand Amour m'attend
Quand notre vie sera à son terme, alors réjouissons-nous de notre rencontre avec l'auteur de la Joie : « Ce qui se passe de l'autre côté, quand tout pour moi sera basculé dans l'Eternité... Je ne sais pas ! Je crois, je crois seulement qu'un grand Amour m'attend. Je sais pourtant qu'alors, pauvre et dépouillé, je laisserai Dieu peser le poids de ma vie. Mais ne pensez pas que je désespère... Non ! je crois, je crois

tellement qu'un grand Amour m'attend ! Maintenant que mon heure est proche, que la voix de l'Eternité m'invite à franchir le mur, ce que j'ai cru, je le crois plus fort au pas de la mort. C'est vers un amour, que je marche en m'en allant, c'est vers son amour que je tends les bras, c'est dans la vie que je descends doucement. Si je meurs, ne pleurez pas, c'est un Amour qui me prend paisiblement. Si j'ai peur... et pourquoi pas ? Rappelez-moi souvent, simplement, qu'un Amour m'attend. Mon Rédempteur va m'ouvrir la porte de la joie, de sa Lumière. Oui, Père ! Voici que je viens vers toi comme un enfant, je viens me jeter dans ton Amour, ton Amour qui m'attend. (Sœur Marie du Saint Esprit)

Je veux que la Tendresse gagne vos cœurs, car Dieu est tendresse et pitié ! Et Son Amour va à toutes ses œuvres ! C'est éternellement que nous célèbrerons ses louanges, car Dieu seul transforme la mort en Vie et : « Le purgatoire est, non pas une punition, mais une souffrance de l'Amour, jusqu'à ce qu'il ne reste plus que la Tendresse. » (Le P.R Collas de Paris)

> Qui n'a pas rêvé d'être pressé sur le cœur de Dieu comme le fils prodigue qui revient vers son père ?
> Qui n'a pas rêvé d'être porté sur les épaules de Jésus comme la brebis perdue et retrouvée ?
> Qui n'a pas rêvé d'entrer à ce repas de fête réalisée pour nous, car nous avons enfin retrouvé le chemin du cœur de Dieu ; parce que nous avons reconnu que ce chemin même : c'est Jésus qui veut nous faire entrer dans la Joie de la Béatitude Eternelle. Alors la mort, n'est plus un désastre, mais le début de l'émerveillement, même si pour ceux qui restent encore quelque temps ici-bas, c'est la tristese de la séparation.
> Qui n'a pas rêvé de se jeter dans les bras de l'Amour ?
> Qui n'a pas rêvé de déposer sa souffrance pour être rempli de joie ? Or le Royaume de Dieu commence ici-bas dans la foi pour s'épanouir dans la claire

vision. Mais le plus court chemin de rencontre de notre Dieu adorable est un geste d'amour gratuit : « Mes bien-aimés, aimons-nous les uns, les autres, car l'Amour vient de Dieu et quiconque aime, est né de Dieu et parvient à la connaissance de Dieu » (1 Jean 4,7)

« Bénis le Seigneur, Ô mon âme,
Que tout mon cœur bénisse son Saint Nom
Bénis le Seigneur, Ô mon âme
Et n'oublie aucune de ses largesses !
C'est Lui qui pardonne entièrement ta faute
Et guérit tous tes maux
Il réclame ta vie à la fosse
Et te couronne de fidélité et de Tendresse…
(Psaume 102)

CHAPITRE 30
HEUREUX CEUX QUI PRIENT

Heureux l'homme qui met sa foi dans le Seigneur et qui Le prie ! J'apprécie saint Alphonse de Liguori qui n'est pas un saint conventionnel. Il nous enseigne que « Dieu accorde ses grâces à ceux qui Le prient avec persévérance !... L'apôtre Paul écrivait à Timothée : « Je recommande donc, avant tout, qu'on fasse des demandes, des prières, des supplications, des actions de grâce... » (1Timothée 2,1) Les textes de la Sainte Ecriture, nous montrent la nécessité où nous sommes de prier : « Il leur fallait prier sans cesse, et ne pas se décourager » (Luc 18,1) « Veillez et priez pour ne pas entrer en tentation » (Matthieu 26, 41) « Demandez et l'on vous donnera » (Matthieu 7, 7) La raison en est claire. Sans le secours de la grâce, nous ne pouvons faire aucun bien :

« Hors de moi vous ne pouvez rien faire » (Jean 15, 5)

La prière est, en outre, l'arme la plus nécessaire pour nous défendre contre nos ennemis ; celui qui n'y recourt pas, dit saint Thomas, est perdu. Adam est tombé, assure-t-il parce qu'il ne s'est pas recommandé à Dieu au moment de la tentation : « Il a péché parce qu'il n'eut pas recours au secours divin. » La seule défense contre la tentation, c'est la prière, dit saint Grégoire de Nysse. Saint François d'Assise disait qu'on ne peut jamais espérer voir aucun bon fruit d'une âme sans la prière. C'est donc à tort qu'ils cherchent des excuses, ces pécheurs qui disent : « Nous n'avons pas la force de résister aux tentations » Mais, réplique saint Jacques : « Si vous n'avez pas cette force, pourquoi ne la demandez-vous pas ? Vous ne l'avez pas parce que vous ne cherchez pas à l'avoir : Vous ne possédez pas parce que vous ne demandez pas » (Jacques 4, 2).

Faut-il demander l'intercession de la Vierge Marie. Saint Bernard nous exhorte à recourir sans cesse à cette divine Mère, parce que ses prières sont certainement exaucées par son Fils. Mais, pour mieux comprendre l'efficacité des prières près de Dieu, il suffit de lire dans les Saintes Ecritures, dans l'Ancien et dans le Nouveau Testament, les innombrables promesses faites par Dieu à ceux qui le prient :

« **Invoque-moi et Je te répondrai** » (Jérémie 33, 3)

« **Invoque-moi, Je te délivrerai** » (Psaume 50 (49, 15)

« Demandez et l'on vous donnera ; cherchez et vous trouverez ; frappez et l'on vous ouvrira » (Matthieu 7, 7) « Combien plus votre Père qui est dans les cieux donnera-t-il de bonnes choses à ceux qui l'en prient » (Matthieu 7, 11) « Car quiconque demande reçoit, qui cherche trouve » (Luc 11,10) « Si deux d'entre vous, sur terre, unissent leurs voix pour demander quoi que ce soit, cela leur sera accordé par mon Père » (Matthieu 18, 19) « Tout ce que vous demanderez en priant, croyez que vous l'avez déjà reçu, et cela vous sera accordé » (Marc, 11, 24) « Si vous me demandez quelque chose en mon Nom, Je le ferai » (Jean 14, 14) « Si vous demeurez en moi… demandez ce que vous voudrez et vous l'aurez » (Jean 15, 7) « En vérité, en vérité, Je vous le dis, ce que vous demanderez au Père, IL vous le donnera en mon Nom » (Jean 16, 23).

Efficacité de la Prière

« Je puis tout en Celui qui me rend fort » (Philippiens 4, 13) Nous pourrons tout par la prière. Le Seigneur nous donnera par elle cette force que nous n'avons pas. La prière est toute puissante : « Elle est seule, mais elle peut tout » Saint Bonaventure considère que la prière nous permet d'acquérir tous les biens et d'échapper à tous les maux : « Par elle on obtient tout bien, par elle on est délivré de tout mal » Saint Laurent Justinien estime que, par la prière, nous nous bâtissons une tour solide où nous serons en sûreté, à l'abri de tous les pièges et de toutes les violences des ennemis : « Par l'exercice de la prière l'homme se construit une forteresse » Les

puissances de l'Enfer sont fortes, mais, dit saint Bernard, la prière est plus forte que tous les démons : « La prière l'emporte sur tous les démons » En un mot, dit saint Jean Chrysostome « La prière est une armure, une protection, un port et un trésor » « Venez à Moi, vous tous qui peinez et ployez sous le fardeau, et Moi Je vous soulagerai » (Matthieu 11, 28) Dieu pardonne à qui le prie avec humilité ; elle obtient par grâce tout ce que l'on demande ; elle vient à bout de toutes les forces ennemies, et, en somme, change les humains d'aveugles en clairvoyants, de faibles en forts,.de pécheurs en saints. « N'entretenez aucun souci ; mais en tout besoin recourez à l'oraison et à la prière, pénétrées d'action de grâces, pour présenter vos requêtes à Dieu » (Philippiens 4, 6) « Par la prière, tout ce qui pourrait nous nuire est mis en fuite » écrit saint Augustin. « Tu n'auras plus à pleurer, car IL va te faire grâce à cause du cri que tu pousses ; dès qu'il l'entendra, IL te répondra » (Isaïe 30, 19)
St Alphonse de Liguori

CHAPITRE 31

JE VOUS DONNE MA JOIE

« **JE vous dis cela pour que ma joie soit en vous et que votre joie soit complète** » dit Jésus, (Jean 15,11) « Soyez pleins d'allégresse, exultez éternellement de ce que Moi, Je vais créer » (Isaïe 65 18)

Comment exulter, comment se réjouir dans ce monde rempli de tristesse ?

Comment être heureux face à toutes les difficultés économiques et aux catastrophes qui oppressent l'homme ?

Comment avoir le cœur en paix face à l'horreur de la mort qui nous arrache à ceux que nous aimons ?

Le Seigneur notre Dieu se tromperait il ? Voudrait il nous tromper ? Non ! de la bouche du Seigneur ne peut sortir que la Vérité, qui éclaire notre vie ; en effet, Jésus, nous dit, neuf cents ans après Isaïe : « Venez à Moi, vous tous qui peinez et Je vous soulagerai. » Nous avons de la difficulté à saisir avec notre intelligence, que le fait de nous rapprocher de Dieu, va changer quelque chose à la situation présente. Et pourtant, si nous nous tournons vers la source de tous les biens, nous découvrons avec émerveillement que Dieu nous a créé pour l'incorruptibilité et non pour la mort : « Or Dieu a créé l'homme pour qu'il soit incorruptible et il l'a fait image de ce qu'il possède en propre » (Sagesse 2 23) Le Seigneur a donné à l'homme ce qu'IL possède de meilleur : sa propre image c'est à dire ce qu'il possède : L'Esprit Saint .... Nous sommes, nous dit saint Paul, « les temples de L'Esprit Saint. » A cause de cela, nous sommes incorruptibles, car le mal n'a pas eu de pouvoir sur Jésus, qui rempli de l'Esprit, s'est levé parmi les morts du tombeau, où Satan croyait l'avoir mis pour toujours, après la mort horrible de la croix... Nous avons l'habitude de dire Seigneur Jésus TU ES notre Résurrection, mais parfois découragés, nous sommes abattus comme les disciples d'Emmaüs juste après la mort de Jésus. Déjà dans l'ancien

Testament, c'est-à-dire la première alliance de Dieu avec son peuple choisi : nous voyons que les juifs croient dans le sort final heureux des justes qui ont Dieu pour Père (Sagesse 2,16). Si nous réfléchissons à notre propre comportement, nous agissons souvent en pensant que nous sommes éternels. Et nous le sommes, si nous demeurons attachés à Jésus Vivant. L'étape de la mort dans notre vie est occultée consciemment ou inconsciemment, car la mort est l'antithèse du Bonheur, puisqu'elle est déchirement, arrachement, séparation du corps et de l'âme !... On dit paradoxalement que la mort est inscrite dans nos cellules à notre naissance ! oui !... ce qui est temporel a une vie déterminé, mais ce qui est éternel en nous demeure à jamais par la grâce de notre Créateur et Sauveur. Dans la Genèse, dans ce récit imagé, nous voyons Dieu tout créer par la puissance de Sa Parole et contempler son œuvre en disant : « **Dieu vit que cela était bon** ! Dieu créa l'homme à son image, à l'image de Dieu, Il le créa. **Mâle et femelle, Il les créa !** » (Genèse 1, 27) Après avoir tout créé, Le Seigneur contemple à nouveau son œuvre : l'homme, sa merveille qui possède en lui, son Esprit : « Dieu vit tout ce qu'il avait fait. Voilà, c'était très bon. (Genèse 1, 31) Tout ce que le Seigneur a créé est bon !... Dans le texte hébreu le mot « bon » signifie aussi : « beau » Ici, Dieu vit que tout ce qu'Il avait fait était beau et bon. Mais la Création de Dieu ne s'est pas arrêtée au début de notre monde, la Création de Dieu continue avec l'homme auquel Dieu a soumis la création. Le Seigneur continue à parler à Adam dans le Paradis, dans un dialogue qui est la première prière de l'homme, dialogue qui est contact avec la source de toute beauté, la source de tout bonté, dialogue avec son Dieu. La prière est donc le lien essentiel de l'homme avec son Créateur. Nous voyons jusqu'à maintenant que la puissance de Dieu, par sa Parole, fait une merveille : l'homme, qu'Il entoure d'un monde très beau. Mais le Seigneur fait éclater fait éclater sa grandeur et sa Gloire, en mettant à l'intérieur de l'homme, son Esprit.

CHAPITRE 32

METTEZ UN COMBLE A MA JOIE

Voulez-vous faire la joie de Dieu ? Voulez-vous mettre un comble à sa joie ? Revenez au Seigneur avec des cris de Joie ! Car IL vous a déjà pardonné... Il vous attendait chaque jour sur votre chemin avec la patience d'un Père qui fait confiance à son enfant éloigné. Ce n'est, ni avec puissance, ni avec force, qu'Il attendait son enfant, mais avec Amour. Ainsi vous êtes revenu, vous êtes là ! Cela suffit !... Son Cœur de Père est très ému. Ses entrailles étaient bouleversées, quand vous étiez loin, mais respectueux de votre liberté d'enfant de Dieu Il continuait à attendre et à guetter sur votre chemin, le jour de votre retour où tout le ciel serait en fête : « Car il y a plus de joie dans le ciel, pour un pécheur qui fait pénitence, que pour 99 justes qui n'ont pas besoin de pénitence... » (Luc 15,7)

« Vite, apportez la belle robe !...et habillez-le, mettez-lui un anneau au doigt, des sandales aux pieds » (Luc 15,22) Alors, comme le fils prodigue nous pouvons dire : « Je ne peux plus être appelé ton fils... Que je sois ton serviteur !... Mais votre Père tout heureux insistera : « Réjouissons-nous, faisons la fête ! Car mon fils que voilà était mort et il est revenu à la Vie... il est retrouvé !... Osons aller vers notre Père et mettons un comble à sa Joie, car son bonheur à Lui, c'est de nous combler. Père, je reviens !... « Que votre âme trouve sa joie dans la miséricorde du Seigneur » (Siracide 51,29)

« Le Seigneur est tout joyeux à cause de toi. Dans Son Amour, IL te renouvelle. IL danse et crie de Joie à cause de toi !... » (Sophonie 3,17)

CHAPITRE 33
HEUREUX L'HOMME

qui met sa foi dans le Seigneur

Heureux est l'homme qui se reconnaît pécheur et accepte de changer de vie et prendre Jésus pour chemin de sa nouvelle vie. Jésus dit à l'apôtre Thomas : « **Je suis le Chemin, la Vérité et la Vie** » (Jean 14,6) A Marthe, après la mort de son frère, Jésus affirmera encore : « **Je suis la Résurrection et la Vie** » (Jean 11,25) Celui qui veut la vie, qu'il mette sa confiance dans le Seigneur et Le suive. Car celui qui croit en Jésus « même s'il meurt, vivra » (Jean 11,25)

> Heureux est l'homme
> Qui n'entre pas au conseil des méchants,
> Qui ne suit pas le chemin des pécheurs,
> Ne siège pas avec ceux qui ricanent,
> Mais se plaît dans la loi du Seigneur
> Et murmure sa loi jour et nuit !
> Au jugement, les méchants ne se lèveront pas,
> ni les pécheurs, au rassemblement des justes.
> (Psaume 1)

Fais confiance au Seigneur, IL te bénira. Fais confiance au Seigneur, qui t'a sauvé par sa Croix : « Que Dieu nous prenne en grâce et nous bénisse, que son visage s'illumine pour nous ; et son chemin sera connu sur la terre, son salut, parmi toutes les nations. »

« Frères, j'emploie ici un langage humain, adapté à votre faiblesse. Auparavant, vous aviez mis tout votre corps au service de l'impureté et du désordre, qui ne mènent qu'au désordre ; de la même manière, mettez-le à présent au service de la justice, qui mène à la sainteté. Quand vous étiez esclaves du péché, vous étiez libres par rapport aux exigences de la justice. Qu'avez-vous récolté alors, à commettre des actes que vous regrettez maintenant ? En effet, ces actes mènent à la mort. Mais maintenant que vous avez été libérés du péché et que vous êtes devenus les esclaves de Dieu, vous y récoltez la sainteté, et cela aboutit à la vie éternelle. **« Car le salaire du péché, c'est la mort ; mais le don gratuit de Dieu, c'est la Vie Eternelle dans le Christ Jésus notre Seigneur. »** (saint Paul Apôtre aux Romains 6,19-23)

Faisons confiance au Seigneur Jésus et aujourd'hui, choisissons la Vie

CHAPITRE 34

JE SUIS DESESPERE

Qui peut savoir toute la souffrance qui m'habite ?
Qui peut savoir toute mon inquiétude pour le lendemain ?
Qui peut connaître mon désespoir ?
Qui peut me pardonner tous mes péchés ?
Qui peut me sauver de la mort ?
Qui peut me délivrer du malin ?
Qui peut me faire connaître le Bonheur ?
Celui qui ne connaît pas encore le Cœur de Dieu, ne peut Lui faire confiance dans toutes ses épreuves, ses deuils, ses souffrances : Or Dieu s'est révélé comme un Père qui m'invite à Lui parler dans le secret du cœur comme un petit enfant dans ses bras. La prière du « pauvre » monte directement au Cœur de Dieu, car IL est tout près de moi : « Son oreille est collée à ma bouche » mais Il ne veut rien faire, sans ma demande, mon accord ! Si nous pouvions prendre conscience « combien il est doux de marcher en Sa Présence, de nous sentir sous Son Regard, de nous laisser conduire par Sa Main, nous penserions toujours à Lui, nous ne pourrions pas faire autrement. Ce serait notre plus grand bonheur chaque jour. » Car « ce ne sont pas les longues, ni les belles prières que le Bon Dieu regarde, mais celles qui se font du fond du cœur, avec un grand respect et un véritable désir de plaire à Dieu. » (Curé d'Ars) Entendons une nouvelle fois, l'invitation de Jésus, fils du Père : « Venez à Moi, vous tous qui peinez sous le fardeau, et Moi Je vous donnerai le repos. (Matthieu 11,28) Reconnaissons le Seigneur Jésus qui guérit les malades, libère les prisonniers du diable, ressuscite les morts…. Il nous dit : « Vous scrutez les Ecritures, parce que vous pensez avoir en elles la vie éternelle, et ce sont elles qui me rendent témoignage, et vous ne voulez pas venir à moi pour avoir la vie ! (Jean 5, 39-40)

Il me faut détourner mon visage de mes souffrances, mes inquiétudes ; relever la tête, lever les yeux vers le Seigneur, car Dieu seul est ma force, mon courage, vient de Lui Seul : « Voici ce que je veux repasser en mon cœur, ce qui me donnera de l'espérance : les bontés du Seigneur ne sont pas épuisées, ses compassions ne sont pas à leur terme, elles se renouvellent chaque matin. Oh que ta fidélité est grande ! Le Seigneur est mon partage, dit mon âme, c'est pourquoi je veux espérer en Lui » (Lamentations 3,22) Je repasserai sans relâche les bénédictions du Seigneur. Je mettrai toutes mes inquiétudes au pied de la croix du Christ, car, nous dit, l'apôtre Paul : **« Déchargez-vous sur Lui de tous vos soucis et IL prendra soin de vous »** (1Pierre 5,7)

Que veut faire le Seigneur ?
« L'esprit du Seigneur est sur moi, car YHWH le Seigneur m'a donné l'onction ; il m'a envoyé porter la nouvelle aux pauvres, panser les coeurs meurtris, annoncer aux captifs la libération et aux prisonniers la délivrance, proclamer une année de grâce de la part de YHWH et un jour de vengeance pour notre Dieu, pour consoler tous les affligés, pour leur donner un diadème au lieu de cendre, de l'huile de joie, au lieu d'un vêtement de deuil, un manteau de fête au lieu d'un esprit abattu ; et on les appellera térébinthes de justice, plantation du Seigneur pour se glorifier. » (Isaïe 61,1-3)
L'homme est créé pour le bonheur et il ne le sait pas, car il a exclu Dieu de sa vie. Cette rupture avec Dieu, c'est le péché. Et pourtant grâce à Jésus, Dieu a fait de l'homme, son enfant, son héritier, à cause de son Amour inépuisable. La patience de Dieu est aussi grande que son Amour. C'est pourquoi, celui qui voit son péché et se tourne avec contrition vers Dieu, touche l'abîme du Cœur de Dieu. Ses péchés sont jetés à la mer, ils ne reparaîtront plus. « La prière du pauvre, atteint le Cœur de Dieu » C'est pour lui, que le Seigneur Jésus, est venu, lui-même, pour transformer sa vie : « IL a détruit la mort, par sa propre mort ; et par sa résurrection, IL a fait resplendir la Vie »

Celui qui répond à la prière du pauvre qui appelle, est le même que Celui qui est venu par la Vierge Marie, pour nous faire passer de « notre mort, à Sa Vie » Comment notre Dieu fait homme, n'aurait-il pas un regard de compassion pour nous qui nous nous débattons toutes sortes de difficultés, aujourd'hui ? « **Tout ce que vous demanderez, en Mon Nom, Je le ferai** » dit le Seigneur Jésus (Jean 14,14) « Si vous demeurez en Moi, et que mes paroles demeurent en vous, vous demanderez ce que vous voudrez et cela vous arrivera » (Jean 15,7) « A Celui qui peut par Sa Puissance qui agit en nous, faire au-delà, infiniment au-delà de ce que nous pouvons demander et imaginer, à Lui, la Gloire dans l'Eglise et en Jésus Christ, pour toutes les générations, aux siècles des siècles. Amen ! » (Ephésiens 3,20)

Dans l'inquiétude, la souffrance, je m'accroche à Jésus duquel me vient le salut : je suis sauvé(e) par pure grâce, dit saint Paul, dans sa lettre aux Ephésiens : « C'est par pure grâce, en effet, que vous êtes sauvées par le moyen de la foi : vous n'y êtes pour rien, c'est le don de Dieu. » (Ephésiens 2,8)

Mon bonheur est déjà là dans la promesse de Jésus : « Celui qui croît en Moi, même s'il meurt, vivra » Jésus, à la croix, a payé ma dette : puisque qu'IL a porté mes péchés, mes maladies, mes souffrances. Or Jésus n'est plus mort, mais Ressuscité et Vivant, comme IL l'a dit !... Avec Jésus, je veux accueillir l'Esprit Saint, Celui qui a ressuscité Jésus d'entre les morts, pour vivre maintenant, dans la Joie en louant mon Seigneur, avant de Le voir dans la Béatitude Eternelle. Je vous donne ma Joie, que personne ne peut m'enlever !...

CHAPITRE 35
À CEUX QUI PLEURENT

- Que dites-vous à ceux qui pleurent aujourd'hui ?
- Malgré toutes mes épreuves et tous mes deuils, je répondrai : « Heureux seront-ils, car ils seront réconfortés par l'Amour même, par l'Agneau de Dieu !... »
- Mais vous êtes complètement folle !
- Je veux bien que vous disiez que je suis folle, mais écoutez ce que l'apôtre Jean dit après que l'ange du Seigneur lui ait fait connaître, par révélation, ce qui doit arriver bientôt : « Alors je vis au milieu du trône et des quatre animaux, au milieu des anciens, un agneau se dressait qui semblait immolé....Chacun tenait une harpe et des coupes d'or pleines de parfums, qui sont les prières des saints. Ils chantaient un cantique nouveau : « Tu es digne de recevoir le livre et d'en rompre le sceau car Tu as été immolé, et Tu as racheté pour Dieu, par Ton Sang, des hommes de toute tribu, langue, peuple et nation ?... » (Apocalypse 5,9) « Après cela, je vis une foule immense, que nul ne peut dénombrer de toute nations, tribus, peuples et langues. Ils se tenaient debout devant le trône et devant l'Agneau, vêtus de robes blanches et de palmes à la main. Ils proclamaient à haute voix : Le salut est à notre Dieu qui siège sur le trône et à l'agneau » Et tous les anges rassemblés autour du trône, des anciens et des quatre animaux, tombèrent devant le trône, face contre terre et adorèrent Dieu. Ils disaient : « Amen, Louange, Gloire, sagesse, action de grâce, Honneur, Puissance et Force, à notre Dieu pour les siècles des siècles. » (Apocalypse 7,12) « Ces gens vêtus de robes blanches, qui sont-ils, d'où sont-ils venus. Je lui répondis : « Monseigneur, tu le sais ! « Il me dit : « Ils ont lavé leurs robes et les ont blanchies dans le Sang de l'Agneau ; c'est pourquoi ils se tiennent debout devant le trône de Dieu et lui rende un culte jour et nuit dans son temple. » (Apocalypse 7-14-15)

…Car l'Agneau qui se tient au milieu du trône, sera leur berger, IL les conduira vers les sources d'eaux vives et Dieu essuiera toute larme de leur yeux » (Apocalypse 7,17)

Comme vous le voyez, comme vous l'entendez, c'est l'Agneau de Dieu, Dieu fait homme, immolé pour nous, qui viendra essuyer vos larmes ! Cependant dès aujourd'hui, Jésus veut soulager votre souffrance !... IL vous dit : « Venez à Moi, vous tous qui peinez sous le poids du fardeau, et moi, Je vous donnerai le repos. Prenez sur vous mon joug et mettez-vous à mon école, car Je suis Doux et humble de Cœur, et vous trouverez le repos de vos âmes. Oui, mon joug est facile à porter et mon fardeau léger » (Matthieu 11,28)

N'oubliez surtout pas ces paroles de Jésus qui affirment :
« **Je suis le chemin, la Vérité, la Vie** » (Jean 14,6)
« **Celui qui croit en Moi, même s'il meurt, vivra** » (Jean 11,26)

Je voudrai ajouter que la situation d'échec, existe pour l'homme, mais pas pour Dieu !... Dieu ne juge pas, mais Il sauve son enfant qui souffre…Son regard sur vous, sur moi, est un regard de Père, plein de Tendresse. « Laisse-vous réconforter par le Seigneur Jésus Christ » Comme le suggère saint Paul lui-même dans sa lettre aux Thessaloniciens (2 Thessaloniciens 2,16) Notre espérance est dans la Puissance de Dieu qui de la mort, tire la Vie et la Vie Eternelle pour chacun de ses enfants, qui acceptent de Lui faire confiance. Avec tous les saints, avec tous les vôtres, avec tous les miens, je louerai le Seigneur ! « A Celui qui siège sur le trône et à l'Agneau » : « Louange, Honneur, Gloire et Pouvoir pour les siècles des siècles. » (Apocalypse 5,13)

CHAPITRE 36

LE PROJET DE BONHEUR

Dieu a pour l'homme un projet de bonheur et non de malheur.
« Les projets de son Coeur subsistent d'âge en âge » (Psaume 32)

C'est pourquoi, nous ne pouvons accuser Dieu du malheur que nous subissons. Car « Dieu nous a destinés à entrer en possession du salut par Notre Seigneur Jésus Christ, mort pour nous, afin de vivre avec Lui, que nous soyons encore éveillés ou déjà endormi dans la Mort. » (1Thessaloniciens5, 9b-10) « Nous vous annonçons la Vie Eternelle qui était tournée vers le Père et s'est manifestée à nous ; ce que nous avons vu et entendu, nous vous l'annonçons à vous aussi. » (1Jean 1, 1-2) Jésus, a été conçu de l'Esprit Saint, par la Vierge Marie, qui l'a nourri de son sein et l'a suivi jusqu'à la croix ; avec Joseph, qui l'a élevé et qui lui a appris son métier de charpentier. Jésus est mort sur la croix pour tous les péchés du monde... IL est ressuscité le troisième jour... IL est Vivant !... Alleluia ! Son œuvre continue, puisqu'IL attire tous les hommes vers Lui.

Par amour, Jésus donne sa vie : Jésus est mort sur la croix, parce qu'IL a accepté de donner sa vie, par amour pour les pécheurs que nous sommes. « Je donne ma vie pour mes brebis » dit Jésus. (Jean 10,15) « Jésus, portant lui-même sa croix, sortit en direction du lieu dit du crâne ou Calvaire » (Jean 19,17)

Son amour guérit l'oreille du serviteur du grand prêtre, comme IL avait guérit tous ceux qui venaient à Lui et comme IL guérit encore aujourd'hui !... « Jésus, lui touchant l'oreille, le guérit » (Luc 22,51)

Son amour chasse les démons : En effet chasser les démons et guérir les malades sont les deux faces d'une même réalité. Dieu est vainqueur de tout mal. « Le soir venu, on lui présenta beaucoup de démoniaques ; il (Jésus) chassa les esprits d'un mot, et il guérit tous les malades » (Matthieu 8, 16)

Son amour pardonne :
Pierre, après l'arrestation de Jésus, dira par peur : « Je ne connais pas cet homme » à la servante qui le reconnaît comme un disciple de Jésus. Nous aussi, combien de fois, nous avons ignoré Jésus, rejeté Jésus, alors que c'est toujours un regard d'amour qu'il porte sur Pierre auquel IL dira après sa résurrection : **« Pierre m'aimes-tu ? »** A nous aussi est posée cette même question. Jésus, crucifié, dira pour ses bourreaux : « Père pardonne-leur, ils ne savent pas ce qu'ils font. » dit. Sur nous aussi coule cette extrême Miséricorde, fruit du Cœur de Dieu.

Son amour recrée :
« Je répandrai sur vous, une eau pure et vous serez purifiés ; de toutes vos souillures, de toutes vos idoles, Je vous purifierai. JE vous donnerai un cœur nouveau, Je mettrai en vous un esprit nouveau. J'ôterai de votre chair le cœur de pierre, Je vous donnerai un cœur de chair. Je mettrai en vous mon Esprit, Je ferai que vous marchiez selon mes lois, que vous gardiez mes préceptes et leur soyez fidèles. » (Ezéchiel 36)

Sa Miséricorde infinie donne la Vie Eternelle :
Jésus répondit au larron : « En vérité, Je te le dis, aujourd'hui, tu seras avec Moi dans le paradis » Et à nous aussi, IL veut faire grâce !...

Son amour nous donne sa mère, comme IL l'a fait pour Jean : Jésus dit à sa mère « Femme voici ton fils » IL dit ensuite au disciple : « Voici ta mère » (Jean 19,26)

Son amour est confiance dans son Père :

Jésus poussa un grand cri : « Père entre tes mains, Je remets mon esprit » (Luc 23,46)

Son amour fait une création nouvelle

pour l'homme qu'il aime : « Voici la demeure de Dieu avec les hommes ; IL demeurera avec eux, et ils seront son peuple, Dieu lui-même sera avec eux. IL essuiera toute larme de leurs yeux, et la mort n'existera plus ; et il n'y aura plus de pleurs, de cris, ni de tristesse ; car la première création aura disparu. Voici que Je fais toute chose nouvelle ! » (Apocalypse 21,3-5)

Acceptez-vous d'accueillir son amour infini ? Accepte-vous de témoigner de Lui ? « Si de ta bouche, tu confesses que Jésus est Seigneur, et si dans ton cœur, tu crois que Dieu l'a ressuscité des morts, tu seras sauvé » (Romains 10,9)

« Qu'ils sont grands Seigneur mon Dieu, les projets et les miracles que Tu as faits pour nous ! » (Psaume 40, 6)

CHAPITRE 37

JOIE DU PARDON DONNE

St Césaire d'Arles nous invite au pardon : « Mais tu me dis : mon ennemi m'a fait supporter tant de mal que je ne puis en aucune façon l'aimer ! Tu regarderais ce que t'a fait un homme et tu ne regarderais pas ce que toi, tu as fait à Dieu ? Examine ta conscience : tu as commis sans les réparer beaucoup plus de fautes contre Dieu qu'un homme en a commis contre toi, et avec quelle audace tu voudrais que Dieu te pardonne beaucoup, alors que tu n'acceptes pas de pardonner un peu ! »

Saint François conseille son disciple : « Tu es accablé de soucis qui s'acharnent à étouffer en toi l'amour du Seigneur ? Toutes sortes de gens qui t'importunent t'empêchent d'aimer Dieu ?
Eh bien ! Même si, par-dessus le marché, tu recevais encore des coups, tu devrais tenir tout cela pour une grâce. Accepte volontairement ta situation telle qu'elle est ; aime ceux qui te causent ces ennuis ; n'attends rien des autres en retour de ton affection […]. Cela sera plus méritoire pour toi que la vie d'ermite. On reconnaîtra que tu aimes le Seigneur si n'importe qui au monde, après avoir péché contre toi autant qu'il est possible de pécher, peut rencontrer ton regard, demander ton pardon, et te quitter pardonné. S'il ne demande pas son pardon demande-lui, toi, s'il veut être pardonné. Et si mille fois ensuite il se présente devant toi, aime-le toujours davantage. »

Pardonner est plus important que tout : « Père pardonne-leur car ils ne savent pas ce qu'ils font » dira Jésus au plus profond de sa souffrance à la croix. (Luc 23,34)

Pardonner : c'est donner ce qu'il y a de meilleur en nous, c'est-à-dire l'amour qui vient de Dieu. Il est plus important de pardonner que de chercher à avoir raison ! Dieu aime autant l'offenseur que l'offensé ! « Pardonne-nous comme nous pardonnons »

Pardonner, c'est demander au Seigneur le désir et la grâce de pardonner, car le pardon est divin et vient du Cœur du Père.

Pardonner, c'est faire toujours le premier pas de la réconciliation : c'est-à-dire accepter de perdre quelque chose, d'être amputé d'une part de nous-même, de renoncer à être aimé, de perdre, c'est l'attitude qui précède le pardon. « que le soleil ne se couche pas, sur votre colère » (Ephésiens 4,26)

Pardonner, c'est commencer à voir ce qui rassemble, voir les points communs et tout le positif possible et savoir que le Seigneur va tirer du négatif, un bienfait pour nous. « Ce que je fais, tu ne peux le savoir à présent, mais par la suite tu comprendras » (Jean 13,7)

Pardonner, c'est résoudre les conflits par la prière de louange, car si je veux pardonner, ce n'est plus mon combat, c'est le combat de Dieu et Lui dénouera toute chose comme IL le voudra. Attention « tendre la joue gauche » c'est espérer et croire en l'amour de l'autre envers et contre tous jusqu'à, parfois, l'émergence du « je t'aime. »

Pour pardonner, je déverse dans le Cœur Ouvert de Jésus mes difficultés, et je serai « vidé » de ma souffrance, car Jésus guérit l'homme tout entier (spirituel, psychologique, corporel). Quand on expérimenté cela devant le tabernacle, quand on a crié sa douleur, alors le Seigneur peut agir sur la personne qui nous a offensé, à cause de notre confiance.

Pour pardonner, je vais dire du bien de celui ou celle qui m'a blessé c'est-à-dire reconnaître ce que le Seigneur lui a donné, reconnaître aussi ce qu'il a pu faire de bien, grâce aux dons du Seigneur ! Faire cela, c'est le faire grandir et s'épanouir !

Pour pardonner, ne pas se comparer aux autres, mais chercher à entrer dans le repentir d'avoir blessé le Cœur de notre Père par l'aigreur, la rancune, le non pardon, car notre Père aime tous ses enfants.

Refuser de pardonner, c'est enchaîner l'autre, le rendre inapte à accueillir l'amour de Dieu.
Si vous avez du mal à pardonner, vous pouvez dire cette simple prière : *« Père très Bon, j'ai décidé de pardonner à (X) mais mon cœur est très blessé, alors, prends mon cœur Seigneur et pardonne avec mon cœur, car à Toi Seigneur, rien n'est impossible. Bénis cette personne que Tu aimes d'un même amour. Amen ! Alléluia ! »*

Contemplons le Seigneur Jésus, qui sans un mot, a supporté d'être bafoué, injurié, flagellé, crucifié pour nos péchés, tandis que nous nous plaignons de nos souffrances et de celles causées par autrui... Contemplons avec amour les souffrances endurées par le Seigneur, les nôtres disparaissent presque, tandis que nous recevons de cet Amour qui a retenu Jésus sur la croix. Qu'avons-nous à gémir, tandis que Jésus, le Saint, pour notre rachat a tout supporté jusqu'à la mort atroce de la croix... Quand nous avons conscience de tout cet amour qui a coulé pour nous, Dieu nous demande de faire, comme Lui, miséricorde à notre frère. Or être miséricordieux, c'est avoir un cœur comme celui de Dieu : plein de tendresse, de compassion, de pardon, plein d'amour pour les autres sans critiquer, sans juger, ou condamner. Avant tout, il faut avoir à l'esprit, l'attitude de Dieu face à son fils prodigue. C'est dans cette parabole du père qui court vers son enfant perdu et retrouvé que nous est révélé toute la miséricorde de Dieu. IL n'attend pas que son enfant lui demande pardon : IL court vers lui, le presse contre son cœur, le couvre de baisers, lui redonne sa place de fils dans la famille et organise une grande fête. IL ne pose aucune question à son enfant, ne lui donne aucune pénitence. Là nous est révélé ce qu'est la miséricorde du Père qui est Dieu. Heureux celui qui écoute son cœur et accueille celui qui l'insulte, qui se moque ou dit toutes sortes de choses contre lui. Les miséricordieux compatissent à la souffrance, à l'angoisse et la peur des autres. Leur tendresse est guérissante pour les blessures de leurs frères, car la miséricorde a sa source dans le cœur de Dieu, notre Père. Alors exulterons de joie en Dieu, notre Sauveur, car lors du jugement, il nous sera fait miséricorde ;

« **Heureux les miséricordieux, ils obtiendront miséricorde** » (Matthieu 5, 7)

CHAPITRE 38

LOUANGE CHEMIN DE JOIE

Louons le Seigneur qui nous réjouira de sa Présence. Nous louons Dieu pour ce qu'IL est ainsi que pour ce qu'IL fait. Le but de la prière est la rencontre avec notre Dieu par l'accueil de son Esprit. Nous sommes tous appelés à la louange du Seigneur : Cela ne date pas d'aujourd'hui, puisque Isaïe le prophète disait : « Voici que Moi, Je vais faire du neuf qui déjà bourgeonne ; ne le reconnaissez-vous pas ? Oui je vais mettre en plein désert, un chemin, dans la lande des sentiers, les bêtes sauvages me rendront Gloire, les chacals et les autruches, car je procure en plein désert, de l'eau, des fleuves dans la lande, pour abreuver mon peuple, mon élu, peuple que j'ai formé pour Moi et qui redira ma louange. (Isaïe 43,19-21)

Dieu veut notre louange, car plus on Le découvre, plus on Le loue, et plus on Le loue : plus IL se laisse découvrir ! Plus nous entrons dans la prière du cœur, plus nous entrons dans la joie de la louange, qui nous fait demeurer dans la Présence de Dieu et Lui permet ainsi de nous combler...

« **Je bénirai le Seigneur en tout temps** : sa louange sera toujours dans ma bouche. Mon âme bondira d'allégresse, en mon Dieu : les humbles l'entendront et se réjouiront. Oh ! Magnifiez le Seigneur avec moi, célébrons son Nom tous ensemble. » (Psaume 34)

La plus belle louange est la messe. Toute la liturgie de la messe nous fait entrer par les chants, les prières, la Parole de Dieu et le Pain de la Vie, dans ce don de Dieu fait aux hommes !... Devant ce profond mystère qui vient habiter le cœur de l'homme, il y a notre réponse et notre attention à ce que Dieu dit dans Sa Parole et plus particulièrement dans son Evangile.

La prière qui sort de notre cœur est une louange spontanée par laquelle nous rejoignons l'Esprit Saint au fond de notre cœur, qui loue sans cesse le Père et Jésus, dans un même amour. Dieu nous invite à entrer dans cette louange du cœur qui est source de joie. Ce n'est pas d'une grande prière que le Seigneur a besoin, c'est d'un cœur ouvert à l'écoute de son cœur profond, là où le Saint Esprit, depuis notre baptême, ne cesse de chanter le Père et le Fils. Le Père qui nous fait don de son Fils Unique Jésus, nous fait entrer dans la louange céleste par l'Esprit. Ne croyez pas que cela soit réservé à des moniales, des prêtres, Non ! c'est un don fait à tout le peuple de Dieu. « Si tu savais le don de Dieu » dit Jésus à la femme samaritaine près du puits de Jacob.

Ecouter son cœur profond, c'est découvrir au travers de nos péchés, de notre surdité orgueilleuse, la beauté et la grandeur du Seigneur : Celui qui est venu et a pris chair par la Vierge Marie ; qui est mort pour nous, qui est ressuscité ; mais aussi Celui qui vient aujourd'hui nous sauver de notre incrédulité. Ne croyez pas que nous sommes convertis pour toujours... Non ! nous devons entrer plus profondément dans la repentance et la louange à notre Créateur et Sauveur. Alors la louange jaillit sans interruption et notre travail est de devenir attentif à ce que le Seigneur est en train d'accomplir. Ce n'est jamais dans la réussite, la victoire humaine, mais unis à la Croix du Seigneur qui accomplit en son enfant son œuvre de résurrection. Inutile d'être savants ou sages aux yeux des hommes, il nous faut juste l'humilité d'avoir l'admirable louange des pauvres et des petits pour notre Seigneur Jésus, doux et humble, car il est dit en Matthieu 21,25 « Tu as tiré ta louange, une louange parfaite des petits enfants et de ceux qui sont à la mamelle. » et encore en Matthieu 11,25 Jésus dit : « Je te loue Père, Seigneur du ciel et de la terre parce que tu as caché cela aux sages et aux savants et l'as révélé aux enfants. Oui Père, parce que cela est ton bon plaisir. »

Comme l'oiseau chante la gloire de Dieu, comme l'enfant donne une louange parfaite au Seigneur, réunissons-nous pour chanter la louange du Seigneur, en paroles et en chants, puis par une louange en langues inspirée du Saint Esprit, nous permettrons enfin au Seigneur de prendre le contrôle de nos cœurs et c'est alors que nous entrerons dans la Gloire de Sa Présence et nous goûterons l'unité, la joie, et la paix... Nous permettrons ainsi au Seigneur de nous manifester toute sa Tendresse. IL a dit « qu'IL ferait toutes choses nouvelles » Car Dieu ne crée pas dans l'ordinaire... l'extraordinaire habite son œuvre, mais il faut un cœur émerveillé d'enfant pour le voir à l'œuvre !...

Honneur au Père

Honneur au Fils

Honneur à l'Esprit Saint

La louange est la conséquence de le venue de l'Esprit Saint : « Pierre parlait encore quand l'Esprit Saint tomba sur tous ceux qui écoutaient la parole... Ils les entendaient, en effet, parler en langues et magnifier Dieu. » (Actes 10, 44-46)

Le chant en langues est un petit don précieux de l'Esprit Saint : c'est la louange du gazouillement d'un bébé, c'est le balbutiement d'un enfant de Dieu. Pour entrer dans ce chant en langues pratiqué par saint Paul, les apôtres, saint Augustin, Jean Paul II, et bien d'autres... et encore aujourd'hui par tous ceux qui ont été renouvelés par une effusion de l'Esprit Saint, il faut un grand silence extérieur et un accueil intérieur de la Parole venant de Dieu, c'est-à-dire une écoute du Saint Esprit en nous. Nous allons louer notre Dieu jusqu'à ce que vienne l'adoration... Nous allons adorer jusqu'à ce que nous goûtions la Présence sensible de Dieu. Ensuite nous nous tenons dans la Présence !... C'est dans ce chant en langues que nous entrons dans la louange céleste à notre Dieu qui ne cesse ni de jour, ni de nuit !...

Voici ce que dit saint Augustin sur le chant en langues : « Rassure-toi. Il t'indique la manière de chanter. Ne t'occupe pas de chercher les mots comme si tu pouvais mettre en forme une musique capable de plaire à Dieu. Contente-toi de jubiler. Bien chanter devant Dieu, c'est jubiler. Mais qu'est-ce à dire ? C'est renoncer à comprendre, c'est renoncer à dire avec des mots ce qui se chante dans le coeur. Voyez ceux qui chantent, moissonneurs, vendangeurs ou autres, leur joie s'allume d'abord aux paroles des chansons, mais bientôt elle les envahit, et des paroles seraient impuissantes à la déployer encore, alors ils laissent mots et syllabes et l'on n'entend plus que leur jubilation. Musique sans paroles parce que le coeur veut mettre au jour ce qui ne peut se dire. Tu ne peux dire ce qu'il est et tu ne dois pas non plus garder le silence, alors que faire sinon jubiler, ouvrir son coeur à une joie qui n'aura plus à chercher de mots, dilater sa joie immensément bien au-delà des bornes des syllabes ? » (Commentaire du Psaume 32)

« Ainsi donc, mes frères, aspirez au don de prophétie, et n'empêchez pas de parler en langues. » (1 Corinthiens 14, 39) Prions donc en « langues » avec joie et liberté.

CHAPITRE 39

HEUREUX SI ON VOUS INSULTE

Trahis, rejetés, calomniés

Vous aussi, vous avez peut-être été trahi, rejeté, calomnié ! J'entends encore la voix de cette vieille dame me disant : « après tout ce que j'ai fait gratuitement pour eux, maintenant ils ne me regardent même plus, car je n'ai plus de force pour continuer à les aider !... » J'entends aussi la voix de cette maman seule et âgée également qui souffre de la méchanceté de sa fille à son égard !... « Ce n'est pas vrai, tout ce que l'on dit de moi !... Je ne comprends pas, que l'on croit ses mensonges et non la vérité que je dis... » « Qu'ai-je fait ? répètent-elles. Pourquoi ? » Il est vrai que ces questions révèlent une vraie souffrance que nos pauvres mots arrivent à peine à calmer. C'est pourquoi, je vous invite à regarder le Christ Jésus, Lui, l'innocent qui a dit à ceux qui le suivent : « ils m'ont persécuté, ils vous persécuteront aussi » Quand on se sent rejeté et que viennent les larmes, pense t-on à regarder notre Dieu qui a pris chair de la Vierge Marie pour nous sauver ? Que lit-on dans l'Evangile ?

Jésus l'innocent trahi dit :

« Il a plongé avec moi la main dans le plat, celui qui va me livrer ! » (Matthieu 26,23) C'est Juda, son ami qui Le livre !

Jésus l'innocent bafoué :

« Après s'être moqué de Lui, ils lui enlevèrent le manteau, lui retirèrent ses vêtements ; puis l'emmenèrent pour Le crucifier !... » (Matthieu 27,31) On le dénude et Lui enlève son manteau, ses vêtements...sa dignité... et on va le tuer !...

Jésus l'innocent est condamné :

« Quel mal a fait cet homme ? dit Pilate : « je n'ai rien trouvé en Lui qui mérite la mort !... » (Luc 23-22) Le rejet va jusqu'à la mort qu'IL accepte pour nous !...

Jésus l'innocent livré :

« Pilate relâcha celui qui avait été jeté en prison pour émeute, celui qu'ils demandaient. Quant à Jésus, il Le livra à leur volonté » (Luc 23,25) La volonté des hommes en colère, est mort pour eux, tandis que la Volonté de Dieu sur eux, est Vie Eternelle !...

Jésus l'innocent abandonné :

« Mon Dieu, mon Dieu, pourquoi m'as-tu abandonné ? » (Matthieu 27,46) Jésus, comme un juif pieux prie le psaume 22 qui se termine par un acte de confiance en Dieu.

Jésus l'innocent pardonne :

« Père pardonne-leur, ils ne savent pas ce qu'ils font !... » (Luc 23,34) Sans amertume, avec une miséricorde infinie, Jésus pardonne, l'impardonnable !

Si nous voulons suivre l'innocent Jésus, comme Lui, nous allons répondre par l'Amour et non la vengeance. Nous allons prier et demander l'Esprit Saint, pour avoir la force de réagir au rejet par l'humilité et la douceur. Nous lui demanderons le courage de bénir ceux qui nous rejettent ou nous calomnient. Ce sera dur et demandera un effort, mais si nous offrons notre souffrance à Dieu, cela deviendra une victoire. Tout d'abord donnons notre réputation à Dieu qui voit le fond des cœurs. Avec l'Esprit Saint, restons appuyés sur Jésus, sans rien attendre d'autre. Demandons-lui de changer notre cœur et de nous détacher de notre égocentrisme. Restons attentifs à la voix de l'Esprit qui parlera en nous et nous permettra d'agir selon le cœur de Jésus. Rendons grâce à Dieu pour ce qu'il fait en nous, comme pour ce qu'IL fait pour la personne qui nous a blessé !..Car l'Amour infini est toujours là pour tirer du mal, un plus grand bien. C'est Toi Seigneur mon seul soutien. Plus notre effort sera grand, plus nous pourrons mesurer avec gratitude toute la souffrance que Jésus a enduré pour nous pendant sa Passion. Ainsi notre confiance grandira en la Miséricorde Infinie du Cœur de Dieu.

La calomnie est l'arme du diable. Elle détruit celui qui n'est pas intimement uni au Christ. « Le mal qu'on dit de nous est pour notre âme ce que la charrue est pour la terre, il la déchire et la féconde » (Shakespeare) Qui peut comprendre une telle parole, après avoir subi des calomnies ? Jésus, notre Seigneur, n'avait-il pas dit : « Heureux êtes-vous lorsqu'on vous insulte, que l'on vous persécute et que dit faussement contre vous toute sorte de mal à cause de Moi. Soyez dans la joie et l'allégresse, car votre récompense est grande dans les cieux. » (Matthieu 5,11) D'où vient alors que nous soyons dans la colère et la tristesse ? Tout d'abord nous avons un sentiment d'injustice et de colère, car les paroles proférées contre nous, sont fausses et que notre cœur n'est pas uni au Cœur de Dieu pour pardonner immédiatement ces insultes et ces calomnies. Nous protestons…et nous voyons avec stupéfaction que le monde préfère croire les mensonges que la vérité…D'autre part, notre colère est signe que nous n'avons pas la douceur du Christ pour accueillir ces comportements agressifs… Or Jésus s'est défini lui-même : « **Je Suis doux et humble de cœur** » Par conséquent, si le mal nous ouvre le cœur comme une charrue, demandons au Seigneur de mettre en nous la douceur et l'humilité qui nous manquent !... De plus, demandons un cœur de pardon à l'image du Christ en croix. Ainsi la plaie de la calomnie ou des insultes sera en nous d'une fécondité incroyable puisque par ces atteintes, nous commencerons à recevoir l'humilité, la douceur et le pardon du Cœur du Christ, en réponse à nos prières. De plus si nous bénissons celui ou celle qui nous a calomniés, alors nous sommes sûrs, d'être bénis à notre tour… Mais il est nécessaire de demander et d'accueillir la guérison de notre cœur. C'est à la croix du Christ Jésus, que nous pouvons puiser l'Amour qui est humilité, douceur, pardon, bénédiction !... De la croix ne coule aucune amertume, mais la douceur de l'Agneau de Dieu offert pour nos péchés et ceux du monde. « Méditez l'exemple de celui qui a enduré de la part des pécheurs, une telle hostilité et vous ne serez pas accablés par le découragement « (Hébreux 12-3) En toute circonstance, le Seigneur donne des bénédictions, là où ne voyons que malédictions !...Je dois donc bénir le Seigneur pour la charrue qui déchire et féconde mon cœur. Saint Paul nous l'avait dit : « En toutes choses, rendez gloire à Dieu » Mais il a fallu que mon cœur soit ouvert pour découvrir la Présence aimante de Dieu dans ces circonstances !... Sainte Thérèse de l'Enfant Jésus disait : « l'unique Bonheur sur la terre est de s'appliquer à toujours trouver délicieuse la part que Jésus nous donne » Or personne ne peut nous enlever Dieu et l'assurance d'être aimé de Lui.

À l'avenir, je veux prendre pour devise, une phrase du pape Jean XXIII « Etre joyeux, chercher le meilleur, et laisser piailler les moineaux » Quelle douceur dans ce propos ! Que le feu de l'Esprit Saint transforme notre colère et notre amertume, en Amour, paix et Joie !

CHAPITRE 40

VEUX-TU ETRE HEUREUX ETERNELLEMENT

Quelle question me direz-vous ! Mais cette vie avec Dieu, cette vie en Dieu, vous devez la choisir dès ici-bas ! Car Dieu lui-même nous la propose et la mets devant nous : « J'en prends à témoin aujourd'hui, dit Dieu, contre vous le ciel et la terre : c'est la Vie et la mort que j'ai mises devant vous, c'est la bénédiction et la malédiction... Tu choisiras la Vie pour que tu vives, toi et ta descendance, en aimant le Seigneur ton Dieu, en écoutant sa voix et en t'attachant à Lui. » (Deutéronome 30,19)

Cette question décisive est posée à chaque homme. Personne ne peut vous prendre votre part de liberté. Je choisis de suivre, d'écouter et d'aimer le Seigneur ; ou bien, je choisis de suivre mes propres désirs !...Vais-je choisir la Vie ou vais-je choisir la mort ? Il faut distinguer deux types de mort dans la Bible : la mort physique et la mort spirituelle :

La mort physique est celle de notre fin de vie sur terre. Mais toute notre vie, le Seigneur frappera à la porte de notre cœur pour nous incliner à choisir le bon chemin, qui est Jésus, car son Amour est intarissable. *L'enfer a été fait pour Satan et ses démons, et pour ceux qui par leur comportement dans le péché, iront avec eux en enfer !...* dit la Vierge Marie à des voyants. C'est en pleurs qu'elle prévint ses enfants que nous sommes !...Il nous faut prendre conscience de cette réalité. C'est nous qui choisissons : ou bien nous suivons Jésus et nous renonçons à notre péché, ou bien nous suivons le malin jusqu'en enfer !...La Vierge Marie ne nous menace pas, elle nous avertit du danger. Mais si nous nous convertissons, alors avec l'apôtre Paul : « Rendons grâce à Dieu, vous étiez esclave du péché, mais vous avez obéi de tout votre cœur à l'enseignement commun auquel vous avez été confiés ; libérés du péchés, vous êtes devenus esclaves de la justice » (Romains 6, 17)

Tous nous ressusciterons, les uns pour la Vie Eternelle ; les autres pour le jugement et la mort Eternelle. « N'en soyez pas étonnés, car elle vient, l'heure où tous ceux qui sont dans les tombeaux entendront sa voix et sortiront: ceux qui auront fait le bien, pour une résurrection de vie, ceux qui auront fait le mal, pour une résurrection de jugement. (Jean 5,28-29)

Ne vivons pas dans la peur, car Jésus a dit : **« En vérité, en vérité, je vous le dis, celui qui écoute ma parole et croit à celui qui m'a envoyé a la vie éternelle et ne vient pas en jugement, mais il est passé de la mort à la vie.** En vérité, en vérité, je vous le dis, l'heure vient - et c'est maintenant - où les morts entendront la voix du Fils de Dieu, et ceux qui l'auront entendue vivront » (Jean 5, 24-25)

La mort spirituelle ou seconde mort : Après la mort physique, après la résurrection de tous les hommes, après le jugement, il y a une « seconde mort « la mort spirituelle qui ne peut plus atteindre ceux qui sont unis au Christ Jésus, dont parle l'apôtre Jean dans l'Apocalypse, chapitre 20, verset 14 : « C'est la seconde mort : cet étang de feu » C'est la condamnation à l'enfer pour Satan et ses démons, ainsi que pour ceux ayant connu Jésus Christ auront refusé de l'adorer et demandé son pardon. Le refus de l'Amour du Père qui nous a donné un tel Sauveur, entraîne la mort éternelle. **« Car le salaire du péché, c'est la mort; mais le don gratuit de Dieu, c'est la Vie Eternelle dans le Christ Jésus notre Seigneur. »** (Romains 6, 23) Cependant pour ceux qui n'auront pas connu le Christ, ils seront tous jugés sur l'amour qu'ils auront donné... « J'ai eu faim, et tu m'as donné à manger ; j'ai eu soif et tu m'as donné à boire... Cette mort spirituelle est définitive et elle vient après la mort physique. N'oublions pas ce que nous dit saint Paul : « L'homme naturel est spirituellement mort à cause du péché, qui le prive de toute communion avec Dieu.

Mais nous avons une bénédiction complète en notre sauveur Jésus Christ : « Béni soit Dieu le Père de notre Seigneur Jésus Christ. IL nous a béni de toute bénédiction spirituelle dans les cieux en Christ. IL nous a choisis en Lui avant la fondation du monde, pour que nous soyons saints et irréprochables, sous son regard dans l'Amour. IL nous a prédestinés à être pour Lui des fils adoptifs par Jésus Christ, ainsi l'a voulu sa Bienveillance, à la louange de Sa Gloire et de la grâce dont IL nous a comblés en Son Bien-aimé. En Lui, par son Sang, nous sommes délivrés, en Lui, nos fautes sont pardonnées, selon la richesse de Sa Gloire...En Lui encore vous avez cru et vous avez été marqués du sceau de l'Esprit promis, l'Esprit Saint acompte de notre héritage, jusqu'à la délivrance finale, où nous en prendrons possession, à la Louange de Sa Gloire. » (Ephésiens 1, 3-15)

Ainsi ma certitude est que si vous croyez en Jésus mort et ressuscité, vous serez sauvé de la mort spirituelle, car Jésus a dit : **« Celui qui croit en Moi, même s'il meurt, vivra »** (Jean 11,25) Quand une personne expérimente le pardon de Dieu pour toutes les fautes de sa vie et reçoit l'Esprit Saint en surabondance, elle devient une créature nouvelle et commence une vie nouvelle dans l'Esprit. C'est-à-dire, que s'il lui arrive de péché par « accident », le Saint Esprit la reprend et la pousse à demander pardon, à confesser à Dieu, son péché, car elle ne désire pas garder ce fardeau de péché en elle et ne veut plus attrister l'Esprit de Dieu. Notre vie nouvelle est en Christ. Or en Christ, il n'y a plus de mort, mais la résurrection et la Vie. Jésus nous l'a dit avant de ressusciter pour cette vie, son ami Lazare :

« Je Suis la résurrection et la Vie »
(Jean 11,25)

Jésus nous a dit : « Je suis venu pour qu'ils aient la Vie et la Vie en abondance » (Jean 10,10) « Je te propose vie et bonheur » (Deutéronome 30,19) avait dit le Seigneur. Veux-tu la vie et le bonheur sans fin ? Qui peut refuser la Vie ? Qui peut refuser le bonheur ? Jésus avait dit : « Venez à Moi, vous tous qui peinez sous le fardeau » (Matthieu 11,28) Allons à Jésus, notre bon berger, pour qu'IL nous guérisse de notre incrédulité, de notre péché, de nos maladies. Il a tout porté à la croix…par amour pour tous ses enfants. IL n'est pas resté sur la croix, IL est ressuscité et Vivant pour toujours. Sortons de notre aveuglement, causé par notre péché :

« Moi, la Lumière, dit Jésus, Je Suis venu dans le monde, afin que quiconque croit en Moi, ne demeure pas dans les ténèbres… Je Suis venu sauver le monde » (Jean 12,46)

« L'Amour du Christ nous étreint, à cette pensée qu'un seul est mort pour tous… tout vient de Dieu qui nous a réconciliés avec Lui, par le Christ… Au nom du Christ, nous vous en supplions, laissez-vous réconcilier avec Dieu. » (2 corinthiens 5,14ss) C'est dans les larmes, que je vous supplie, laissez-vous réconcilier avec Dieu, car en dehors de Lui, il n'y a pas de vie, il n'y a que la mort éternelle.

CHAPITRE 41

J'IRAI A L'AUTEL DU SEIGNEUR

J'irai à l'autel du Seigneur, « **Dieu de ma Joie !** » Chaque dimanche, les chrétiens vont à la messe : vers l'autel du Seigneur pour entendre la Parole de Dieu, qui est le seul et véritable pain qui nourrit et fait vivre l'homme ; ainsi que pour partager le Corps du Christ. « Jésus prit du pain, le bénit, le rompit et le donna aux disciples en disant :
« **Prenez, mangez, ceci est mon corps.** Puis, prenant une coupe, il rendit grâces et la leur donna en disant : « Buvez-en tous, car ceci est mon sang, le sang de l'alliance, qui va être répandu pour une multitude en rémission des péchés. » (Matthieu 26, 26-28)
« Quand nous mangeons ce pain et buvons à cette coupe, nous célébrons le mystère de la foi » Dieu Immortel se donne en nourriture, afin que nous ayons la Vie Eternelle !...

Voici le Corps du Christ !...

Voici le Sang du Seigneur,

Voici la Coupe du Salut

voici le Pain de la Vie !...

C'est dans la joie, que chacun de nous, peut participer à cette Véritable splendeur, qu'est « le sacrifice de la messe » Splendeur qui nous dépasse, où la Miséricorde rejoint celui qui a péché et où la Miséricorde de Dieu sanctifie celui qui a été préservé du péché, comme disait la petite Thérèse : car c'est par un plus grand amour encore, que « Dieu empêche son enfant de tomber. » Devant la sainteté de Dieu, toutes nos fautes sont brûlées par cet Amour sans limite. Il n'y a plus que la joie de l'enfant, qui, dans la foi et dans la confiance totale, va vers son Seigneur, « **Dieu de sa Joie !** »

C'est le Bonheur inimaginable où « le Ciel s'unit à la terre et où l'homme rencontre Dieu » (Exultet de la vigile de Pâques)

Chaque dimanche, soyons dans la joie pour notre Dieu infini qui s'incline jusqu'à nous. Pensons à la joie des apôtres qui ont vu le Seigneur Ressuscité… Réjouissons-nous pour notre rencontre de notre Seigneur Jésus, dans la foi obscure !...Demandons-Lui d'augmenter notre foi. Adorons le Seigneur pour ce grand mystère de Sa Présence Eucharistique. En attendant le retour glorieux du Christ, dans sa gloire avec la cohorte des anges !...« Revêtons la cuirasse de la foi et de l'Amour, avec le casque de l'espérance et du salut » (1 Thessaloniciens 5,8) Allons chaque semaine, dans la Joie, célébrer le Seigneur des seigneurs de qui nous vient toute Paix, toute Joie !… Le Seigneur veut nous combler de ses grâces. IL frappe à la porte de notre cœur pour cela. IL l'a dit : « Mon peuple sera rassasié de mes biens » c'est-à-dire de Sa Présence agissante : **« Voici, je me tiens à la porte et je frappe ; si quelqu'un entend ma voix et ouvre la porte, J'entrerai chez lui pour souper, Moi près de lui et lui près de Moi. »** (Apocalypse 3, 20)

Le Seigneur qui vient à nous, sous l'apparence du pain consacré, est le même qui a pris chair de la Vierge Marie. Louons notre Dieu si grand qui se penche sur sa petite créature !

CHAPITRE 42

LA JOIE DE L'ESPRIT

Jésus a exulté de joie sous l'action de l'Esprit

« A cette heure même, il tressaillit de joie sous l'action de l'Esprit Saint et il dit: « Je te bénis, Père, Seigneur du ciel et de la terre, d'avoir caché cela aux sages et aux intelligents et de l'avoir révélé aux tout-petits. Oui, Père, car tel a été ton bon plaisir. » (Luc 10, 21) « Si donc vous, qui êtes mauvais, vous savez donner de bonnes choses à vos enfants, combien plus le Père du ciel donnera-t-il l'Esprit Saint à ceux qui l'en prient ! » (Luc 11, 13)

Demandons l'Esprit Saint au Père, car notre Seigneur veut répandre cette Joie débordante sur ses créatures. Avec amour et patience, malgré nos refus, IL continue à déverser ses grâces… La vie donnée, nous l'abîmons par toutes sortes d'accidents ou de manquements à la charité, cette charité nécessaire pour que notre frère puisse vivre. La grâce de Dieu, pénètre dans nos esprits indifférents ou rebelles, car l'amour de Dieu ne se décourage pas… Nous avons peut-être appris que notre Dieu a envoyé son Fils Jésus pour nous donner la Vie et la Vie Eternelle, mais la grandeur de cette grâce, n'a pas pénétré nos cœurs et nos esprits endurcis par le péché et notre affectivité perturbée par tout ce que nous avons vécu. Alors la Joie a peut-être déserté nos cœurs. Nous avons parfois été sauvés d'un geste de désespoir d'une vie où nous avons consciemment mis Dieu à la porte.

« Tu ne décourageras pas ma Tendresse » dit le Seigneur.

Le Christ en croix dans le moment le plus crucial, a prié pour ses bourreaux et pour nous qui offensons Dieu :

« Père ! pardonne-leur car ils ne savent pas ce qu'ils font. »

En effet, nous dit l'apôtre Paul s'ils avaient su... « ils n'auraient pas crucifié le Seigneur de Gloire !... » Nous sommes des ignorants, car notre connaissance de Dieu se réduit à notre mémoire d'homme. Notre cœur est absent dans toute cette mémoire. Or, nous avons, peut-être, une Bible, mais nous ne savons pas par où commencer cette longue lecture. Les évangiles sont courts. Nous avons l'impression de les connaître...

L'âme de la Bible, c'est le Saint Esprit !

« Il vous fera souvenir de tout » disait Jésus à ses apôtres... Nous avons oublié le Saint Esprit : Dieu en action... Nous l'avions peut-être reçu à notre lointaine confirmation... Rien ne se fait dans le monde sans le Saint Esprit !... Au début de la formation du monde, nous lisons dans la Genèse : **« l'Esprit planait sur les eaux »** C'est ce Saint Esprit qui rendra vie à nos corps motels... Invoquons ce merveilleux Esprit Saint !... Cherchons à Le recevoir à nouveau. Paul disait à Timothée de rénover le don de l'Esprit en lui. Pour nous il doit en être ainsi. Jésus explique à Nicodème qu'il doit **« naître de nouveau »** : c'est-à-dire recevoir l'Esprit : **« En vérité, en vérité, je te le dis, à moins de naître d'eau et d'Esprit, nul ne peut entrer dans le Royaume de Dieu.** Ce qui est né de la chair est chair, ce qui est né de l'Esprit est Esprit. Ne t'étonne pas, si je t'ai dit : Il vous faut naître d'en haut. Le vent souffle où il veut et tu entends sa voix, mais tu ne sais pas d'où il vient ni où il va. Ainsi en est-il de quiconque est né de l'Esprit. » (Jean 3, 5-8)

Le Seigneur prend le pauvre par la main... Il le tire de sa boue et le fait asseoir parmi les princes de son peuple, afin qu'il voit Sa Gloire (Psaume 112-7-8) car, « Il y aura plus de joie dans le ciel, pour un pécheur qui se convertit que pour 99 justes qui n'ont pas besoin de conversion » (Luc 15-7) Si vous désirez la Joie et le Bonheur, cherchez Dieu et demandez à recevoir sa Miséricorde, son Esprit Saint et son Corps. « Quand on a Dieu on a tout ! » disait sœur Thérèse d'Avila. Cependant il ne faut pas oublier la réalité des paroles de Jésus : « Qui veut être mon disciple, qu'il se renonce à lui-

même, se charge de sa croix et qu'il me suive ! » Le bonheur est là : suivre Jésus !...
Ne pleurez plus, ne soyez plus dans la tristesse,

« **La joie de Dieu sera votre force** » (Esdras)

En effet l'Esprit Saint qui est joie et force sera notre rempart contre l'ennemi, car c'est notre second défenseur après Jésus : c'est l'Esprit Saint, appelé aussi le Paraclet, c'est-à-dire le défenseur, l'avocat... IL est vainqueur de l'accusateur qui nous accuse jour et nuit !...

Prions

Viens, Esprit Saint, en nos cœurs, et envoie du haut du ciel un rayon de ta lumière. Viens en nous, père des pauvres. Viens, dispensateur des dons. Viens, lumière en nos cœurs. Consolateur souverain, hôte très doux de nos âmes, adoucissante fraîcheur. Dans le labeur, le repos ; dans la fièvre, la fraîcheur ; dans les pleurs, le réconfort. O lumière bienheureuse, viens remplir jusqu'à l'intime le cœur de tous tes fidèles. Sans ta puissance divine, il n'est rien en aucun homme, rien qui ne soit perverti. Lave ce qui est souillé, baigne ce qui est aride, guéris ce qui est blessé. Assouplis ce qui est raide, réchauffe ce qui est froid, rends droit ce qui est faussé. A tous ceux qui ont la foi et qui en toi se confient, donne tes sept dons sacrés. Donne mérite et vertu donne le salut final donne la Joie Eternelle. Amen !
(Séquence du Saint Esprit)

CHAPITRE 43

LA PAUVRETE SELON JESUS

« Si vous saviez comme Je vous aime ! »

Heureux êtes-vous, si vous vous reconnaissez comme pauvre, selon Jésus !... Lorsque je regarde le visage de Jésus Crucifié, cette phrase résonne : « Si vous saviez comme Je vous aime ! » et pourtant je ne m'arrête pas devant ce visage !...Je passe vite, trop vite, trop habituée à voir des crucifix !...Un hymne m'a touché le cœur : « Seul le pauvre trouve grâce, seul le pauvre sait aimer. Dieu l'invite à prendre place, près du Fils aîné » (Hymne)

J'ai aussi été frappée lors d'une première « effusion de l'Esprit Saint » un prêtre a donné pour notre groupe naissant une Parole, entendue de multiples fois, qui m'a touché le cœur :

« Heureux vous, les pauvres, le Royaume de Dieu est à vous »

Toute petite j'avais été saisie par le visage de Jésus couronné d'épines, sur une image Saint Sulpice comme aurait dit mon mari, mais ce visage me disait quelque chose directement, à moi enfant de dix ans. Cette image m'avait été donnée par ma mère et aujourd'hui encore, j'ai besoin de ce support pour arrêter mon regard intérieur sur Jésus. Un jour, j'entendais un orateur dire : ce n'est pas par hasard que votre regard tombe sur un crucifix !... Aujourd'hui je veux m'y arrêter et regarder avec le cœur, comme une pauvre, pour laisser monter en moi la prière : « Oh je ne sais pas, je ne sais pas prier ! » « Crois-tu me dirait le Seigneur ? Je t'ai donné mon Esprit... Cela ne te suffit pas ? »... Saint Bernard rajouterait avec insistance : « Qu'aucun de vous, frères, ne tienne pour peu de chose sa prière ! Celui à qui elle s'adresse, ne la tient pas pour peu de chose. Avant même qu'elle soit sortie de notre bouche (cœur) IL la fait écrire dans son livre » Je me laisserai faire en prenant modèle sur le curé d'Ars : «L'homme est un pauvre qui a besoin de tout demander à Dieu, même la prière ! » « Etre aimé de Dieu, être uni à Dieu, vivre en La Présence de Dieu, Ô belle vie et belle mort » « On n'a pas besoin de tant parler pour bien prier, expliquait-il à ses paroissiens. On sait que le Bon Dieu est là, dans le Saint Tabernacle ; on lui ouvre son cœur ; on se complaît en Sa Sainte Présence. C'est la meilleure prière, celle-là »

En regardant le visage de Jésus couronné d'épines, qu'y vois-je ? Un pauvre qui appelle un cœur de pauvre à l'aimer ! Qu'est-ce qu'un cœur de pauvre ? C'est une cœur qui n'a qu'une passion : Jésus !... J'entends la petite Thérèse me confier : « Son visage, c'est ma lumière, c'est ma dévotion !...»

CHAPITRE 44

HEUREUX LES PAUVRES DE CŒUR

Alors levant les yeux sur ses disciples : JESUS dit :
« **Heureux les pauvres de cœur** »
(Luc 6 20)

Les pauvres de cœurs sont-ils ceux qui manquent de tout ? les pauvres sont-ils ceux qui ont besoin de nourriture, de vêtement ? non ! La pauvreté de biens matériels indispensables est un mal qui ronge et désespère souvent. Cette pauvreté peut être morale, psychologique et même spirituelle. Toutes ces formes de pauvretés sont des maux, auxquels nous devons remédier, en pensant à la Parole de Jésus :

« Cherchez le Royaume de Dieu,
Le reste vous sera donné par surcroît »

La pauvreté, dont parle JESUS, est simplicité, humilité, accueil, compassion, amour désintéressé, c'est-à-dire don de l'amour divin à l'autre. La pauvreté de cœur, c'est la pauvreté de celui qui ayant été blessé par la vie, ayant été blessant pour les autres, vient vers Jésus, son seul Sauveur en disant :

Seigneur,
Vois mon fardeau, mon joug, prends-le.
Je veux te suivre, je veux t'écouter,
Je ne suis capable de rien sans Toi…
Viens briser le joug qui pèse sur ma tête,
Viens par ton Esprit me donner la prière,
Viens Seigneur Toi-même au-devant de moi.
Je voudrai comprendre !… Toi tu me demandes seulement
de Te faire confiance, une totale confiance.

Je ne sais rien, Tu sais toute chose :
Je suis ton enfant, Tu es mon Père
Je ferme les yeux, Tu es là
Ouvre mon cœur, remplis-le de Ta Présence !
Fais Ta demeure en moi, je t'abandonne mon raisonnement
Je garde mes questions en mon cœur, donne-moi Ta Lumière
Je sais par tes apôtres et tes martyrs, que
TU ES RESSUSCITE ET VIVANT !

CHAPITRE 45

LA PAUVRETE SELON LE CŒUR DE DIEU

Être pauvre, c'est être la même personne devant Dieu et devant les autres. C'est venir vers Toi Seigneur, nu et sans façade. A Ta Lumière, nos péchés deviennent visibles, à tel point qu'il nous est impossible de voir un acte vraiment exempt de péché, tant notre nature est entachée par le péché. Alors devant la noirceur de nos fautes, acceptons-nous de voir que le mal est en nous. Acceptons-nous seulement d'entrevoir ce péché en nous ? Si nous nous reconnaissons pécheur, alors nous serons vulnérables à l'Amour de notre Sauveur, qui n'est pas venu pour les bien portants, mais pour les malades. Au fur et à mesure que la sainteté de Dieu agit en nous et nous couvre, dans la Miséricorde, dans la paix, nous voyons tel péché, tel obstacle qui empêche la grâce du Seigneur de nous pénétrer.

La Lumière du Seigneur conduit à la contrition, et à la louange du Seigneur qui nous a sauvés, tandis que la lucidité donnée par le malin conduit au découragement, à l'orgueil blessé, qui bouche la vue ou bien donne d'éternels regrets, des tourments à répétition qui nous empêchent ensuite de nous voir tel que nous sommes. Si nous voyons nos péchés, c'est qu'auparavant, nous avons contemplé Dieu et son salut offert à tous les hommes. Ce n'est ni par intelligence, ni par raisonnement, mais par amour que nous regrettons d'avoir offensé le Coeur de Dieu. Tous nos manques d'amour apparaissent, tandis que nous voyons clairement que Lui notre Seigneur, **« nous menait avec des liens d'amour »** malgré les apparences et nous Lui avons retiré notre confiance pour la mettre en nous-mêmes. Nous voyons avec étonnement et horreur parfois, tous nos comportements égocentriques, égoïste, orgueilleux, qui nous éloignaient du don de Dieu : en son Fils Jésus Christ, Dieu Vivant. Tout ce qui est beau et bon vient de Dieu, avec saint Paul je peux dire que je ne puis m'enorgueillir de tout ce qui est don de Dieu, mais déplorer à genoux, que je n'ai pas remercié mon Créateur, de tout ce qu'IL m'a donné gratuitement. Je n'ai pas vu l'abondance de sa Grâce qui m'environne et son précieux secours en un moment où j'aurai pu basculer définitivement loin de Lui « car là où le péché a abondé, Sa Grâce a surabondé » La victoire du Seigneur, c'est de m'avoir ramené à ses genoux. Heureusement pour moi, son amour m'a secouru, car je me serai perdu par aveuglement.

La pauvreté, c'est être devant son Sauveur, comme Marie Madeleine amoureuse de l'Amour qui l'a rachetée ! … Sur le fronton d'une Synagogue à Paris, est écrit : **« Sache devant Qui tu te trouves !…** » Etre pauvre c'est être là devant Celui qui nous aime, nous aime, nous aime !… Il n'existe aucun superlatif valable pour parler de l'Amour de Dieu. En hébreu le superlatif n'existe pas, c'est pourquoi on dit :

« **SAINT ! SAINT ! SAINT !** »

Mais quel superlatif pourrait convenir à notre Dieu si grand ! ? Cette Sainteté Unique de notre Dieu Très-Haut s'est manifestée dans les épiphanies ou entrebâillements du Ciel, où le prophète a entendu : « KOLOCH, KOLOCH, KOLOCH » C'est-à-dire
SAINT, SAINT, SAINT chanté par les anges !…

Saint Jean nous dit : **« DIEU EST AMOUR »** Comment ne pas tomber amoureux de l'amour ? Ceux qui ont entrevu la force et la douceur de l'amour humain peuvent entrevoir la force et la douceur de l'Amour de Dieu ! Quand je parle de force, je parle de la Puissance de l'amour, qui est la Sainteté même de Dieu : La Sainteté, l'Amour, et la Vie. Toute la création invisible reconnaît et chante dans la plus grande joie et la plus grande liberté, la Sainteté de Dieu, le Tout Autre !…

Être pauvre, c'est regarder avec les yeux de la foi, notre Dieu se révéler aux hommes et dévoiler son Amour…. Dieu déverse cette abondance d'amour pour les hommes en les créant à son image. Le cœur intime et inviolable de l'homme, c'est l'Esprit Saint. C'est ainsi que saint Camille de Lelys disait quand il allait visiter les malades : « Je vais en adoration » du Seigneur présent dans le cœur de ceux qu'il visitait.

Etre pauvre, c'est reconnaître en tout homme, la grandeur de l'homme, qui est le temple de L'Esprit Saint. Plus j'entrevois la création sous le regard de Dieu, plus je vois l'œuvre de l'Amour, l'Amour Véritable qui subsiste et subsistera toujours. Il n'y a pas d'amour sans liberté, et cette liberté, Dieu la donne à tous les hommes. Cette liberté est acte d'amour, de confiance en l'homme. Elle lui donne de faire en retour à son Créateur, un acte d'amour vrai, puisque libre et gratuit. « Alors ils connaîtront que je suis Dieu » Dans l'Ecriture nous voyons que de nombreuses fois, le Seigneur désire que ses créatures, les hommes qu'IL aime, Le connaissent et Le reconnaissent, parce qu'en dehors de Lui il n'y a que ténèbres et mort… Connaître en hébreu, signifie aussi « aimer !... » D'Adam et d'Eve, il est dit dans la Genèse qu'ils se connurent. La nature de Dieu est Vie. La vie découle de l'Amour, car l'Amour ne saurait exister, s'il n'était comme Dieu, Eternel et Vie. On dit de L'Esprit Saint, troisième personne de la Sainte Trinité que c'est Dieu en mouvement. Ce qui est statique meurt ; ce qui bouge, vit. Cette constatation se fait même en observant les minéraux, les étoiles qui elles aussi, ont une durée de vie déterminée. Dans le Royaume, la Vie ne s'arrête plus, car Dieu est Vie . Jésus nous l'apprend : « La vie éternelle, c'est qu'ils Te connaissent Toi le Seul Vrai Dieu et son envoyé Jésus Christ » (Jean 17-3)

En prière, nous sommes donc devant la richesse infinie de Dieu, forcément pauvre, mais dès que nous Le voyons avec joie, avec reconnaissance, la richesse de la grâce du Royaume peut nous **remplir** « **Heureux les pauvres de cœur, le Royaume de Cieux est à vous** »

CHAPITRE 46

ÊTRE PAUVRE C'EST ETRE DESENCOMBRE

Les soucis nous envahissent, à tel point que Dieu n'a plus de place dans notre vie, dans notre prière égocentrique, intéressée, dans nos occupations où il y a place pour l'inutile, qui cache souvent toutes nos peurs. Nous y reviendrons plus loin. Songeons à ce qu'à répondu Jésus à Marthe qui s'affairait : Il lui disait : « Marthe, Marthe tu t'agites pour bien des choses, une seule est nécessaire, Marie a choisi la meilleure part, elle ne lui sera pas enlevée » (Luc 10, 38-42) Pour être pauvre selon le cœur de Dieu, il faut donc faire un tri dans toutes nos occupations et préoccupations et mettre comme Jeanne d'Arc : Dieu premier servi !

La pauvreté c'est chercher à voir en toutes choses Dieu d'abord. Bien sûr nous découvrirons immanquablement notre petitesse face à la grandeur de notre Seigneur et nous verrons ensuite la grandeur de l'homme qui malgré son indignité et sa petitesse, est le temple du Saint Esprit, de Celui qui crée toutes choses !... Nous sommes appelés à voir Dieu, comme nous sommes vus !... Extraordinaire destinée de l'homme dans le plan de Dieu.

Un obstacle à la pauvreté est la richesse ou plutôt la recherche de la richesse ou encore le travail, qui devenant tellement envahissant obscurcit notre esprit au point de ne plus pouvoir même avoir le désir de voir Dieu.

Un obstacle encore à la pauvreté, c'est le malin, qui nous trouvera toujours une bonne excuse, pour empêcher que nous devenions des pauvres de cœur, afin que nous ne soyons pas sauvés. La véritable pauvreté selon le cœur de Dieu, amène l'homme à la contemplation, et le met en état de tout attendre de sa divine Providence, y compris cette pauvreté sans cesse nécessaire pour Le voir, Le recevoir.

La vraie pauvreté commence dans la prière et finit dans la prière !

CHAPITRE 47
ÊTRE PAUVRE : CONTEMPLATION

Si nous contemplons Jésus à Bethléem, nous voyons un enfant vulnérable, comme tout petit enfant, Il a besoin de sa mère. Jésus est né sur la paille d'une étable !... IL est pauvre aux yeux du monde. IL a abandonné toute sa gloire des Cieux pour être Lui, le Créateur, un petit bébé fragile et nu, à la merci des hommes. Pauvre de biens matériels, Jésus a choisi cette pauvreté qui est détachement des richesses ; la seule richesse étant son Amour.

L'amour qui est don, était déversé en Marie et Joseph qui lui rendaient cet amour… Que voyons-nous en entrant dans l'étable : un enfant entouré de langes, par les soins de sa maman Marie. Joseph lui, veille sur le plus précieux des trésors : son Dieu et sa femme choisie entre toutes les femmes pour donner au monde le Messie, le Sauveur. Joseph a dû se trouver bien pauvre, bien démuni face à la très grande responsabilité que Dieu lui donnait. L'enfant devait diffuser son Esprit Saint dans le cœur de son papa de la terre. Joseph lui aussi, a agi par la foi, simplement, tout à l'écoute de son Dieu !... Joseph avait l'essentiel : son enfant Dieu. Marie avait l'essentiel : l'enfant du Très Haut. Thérèse d'Avila dira : « Que rien ne te trouble, que rien ne t'effraie, tout s'en va : Dieu demeure. Qui est en Dieu, rien ne lui manque !... » Joseph aurait pu penser, en son cœur « Qui voit mon fils Jésus, voit le Père !... » Voyez quel acte de foi a dû faire papa Joseph, en toute humilité et toute confiance en voyant ce petit bébé : « Mon Seigneur et mon Dieu !... »

La pauvreté rend vulnérable, car elle attend tout de Dieu Père.
La pauvreté est : se remettre totalement corps et âme à son « **ABBA** » : « Papa Bon Dieu » quand vient l'heure du départ, avec la totale confiance, que rien ne peut nous

séparer de l'Amour du Christ « ni la mort, ni la vie, ni les puissances » et nous pouvons alors dire avec Jésus **« Père, entre tes mains, je remets mon esprit »** Car la suprême pauvreté, c'est la mort acceptée. C'est pourquoi tous les détachements sont morts et pauvretés acceptées. La pauvreté acceptée permet de voir Dieu, de rencontrer l'Amour. Jean-Baptiste nous dit : « Il est au milieu de vous, quelqu'un que vous ne connaissez pas » Joseph et Marie, dans la pauvreté ont accueilli la Parole faite chair dans l'humble quotidien.

CHAPITRE 48
ETRE PAUVRE C'EST ETRE ENSEIGNE PAR L'ESPRIT SAINT

La pauvreté : accepter de ne rien savoir et d'être enseigné par l'Esprit Saint dans une attitude d'écoute de Jésus. Notre volonté doit nous ramener toujours aux pieds de notre Seigneur. Alors cette parole de Jésus fructifiera : « L'Esprit Saint vous rappellera tout ce que je vous ai dit » (Jean 14 26)

La pauvreté c'est la petite sœur de l'humilité, car la pauvreté c'est l'inverse de l'orgueil, puisqu'il faut être vide pour être rempli de l'Esprit Saint. L'orgueil nous détourne de Dieu. La pauvreté attire Dieu. N'oublions pas que Jésus a choisi cette condition de pauvre :

- Pauvreté de sa naissance sur la paille d'une crèche
- Pauvreté de cœur
- Pauvreté matérielle
- Pauvreté de l'exil en Egypte
- Pauvreté de n'avoir pas une pierre où reposer sa tête,
- Pauvreté d'être vendu par son ami Judas
- Pauvreté de la mort ignominieuse, nu sur la croix !...

C'est à son exemple, que la pauvreté voulue et acceptée, nous rend disponible. C'est sans doute pourquoi Jésus a dit : « Qu'il sera plus difficile à un riche d'entrer dans le Royaume des Cieux, qu'à un chameau de passer par le chas d'une aiguille »

La pauvreté d'esprit : c'est n'avoir en tête qu'un seul souci, qu'un seul but, qu'un seul espoir qu'une seule joie : Dieu, le Royaume des Cieux

La pauvreté d'esprit : c'est donc un esprit libre, dégagé de toutes questions et qui veut soumettre son intelligence et la compréhension limitée de ses sens, à Dieu. Nous ne pouvons toucher Dieu que par la foi et non par la logique ou l'explication scientifique. Bien que toutes sortes de chemins peuvent nous amener à Dieu !...

La pauvreté d'esprit : c'est s'en remettre tranquillement à la Parole de Jésus qui est venu nous annoncer le Royaume, c'est s'abandonner à la Toute Puissance de Dieu Père, à la Toute Puissance de l'Amour Crucifié et Ressuscité... C'est pourquoi l'apôtre Pierre nous dit dans sa lettre : « donner tous vos soucis à Dieu !...» car par nous-mêmes, nous voulons faire, agir, et nous n'arrivons à rien. Jésus nous l'a dit : « Sans Moi vous ne pouvez rien faire » Cependant nous nous entêtons, à chercher des solutions, alors que Dieu en son temps nous donnera la Lumière, si nous la Lui demandons. « Donnons tous nos soucis à Dieu » et même toutes nos questions, tout ce qui fait barrage entre Lui et nous !... Un jour ou l'autre, nous trouverons la réponse. Car tout est grâce, surtout la foi à soulever les montagnes ! Soyons donc confiants comme un petit enfant dans les bras de sa mère, car la Miséricorde de Dieu procède de ses entrailles de mère !... Dans le mot miséricorde il y a justement deux mots dont l'un est traduit par entrailles maternelles... Voyez la profondeur de l'amour qui prend racine dans le Cœur même de Dieu !...
Quels que soient nos sentiments, les plus beaux, les plus profonds, sachons que s'ils sont animés par l'amour, nous retrouvons en Dieu ce même amour multiplié, non par 1000, non par 100.000 mais par l'infini du Cœur de Dieu où se trouve la source de tout amour !... Donc, « donnons tous nos soucis à Dieu » Lui seul comprend tout, Lui seul sait Tout. Car Son amour de Père et Mère, à la fois, l'a (littéralement) « éjecté » de sa Béatitude du Ciel sur la terre des hommes, où ceux qu'IL aime, se perdent loin de Lui. N'oublions pas que nous sommes inscrits dans la chair de notre Dieu, dans la chair de Jésus.

« C'est par ses blessures (de la croix) que nous sommes guéri » (Isaïe)
Avec nos esprit d'hommes, nous ne comprenons pas cette grandeur de Jésus Sauveur et nous passons sans Le voir, car pour Le voir, il faut devenir pauvre.

CHAPITRE 49

LA PAUVRETE

ACCEPTER DE TRAVERSER SES PEURS

Peur de ne pas être aimé,
Peur d'être abandonné
Peur de donner ou de perdre,
Peur de lâcher prise
Peur de voir ses péchés,
Peur de perdre sa réputation
Peur de souffrir
Peur de s'abandonner à la volonté divine

L'homme consciemment ou inconsciemment cherche à être aimé et reconnu capable de faire ceci ou cela... Il y a en lui ce besoin d'être comblé par l'amour qu'il recherche parfois hors des endroits où il peut le trouver. Là, on rencontre le malin qui sait si bien déguiser le mal en amour, que pour mieux détruire l'homme. N'oublions « qu'il est « le menteur » depuis le commencement », nous dit Jésus ! ...

La peur de ne pas être aimé, peut signifier la peur de vivre sans amour humain véritable, oubliant que seul Dieu peut remplir le cœur de l'homme : IL a créé le cœur de l'homme pour Lui, pour le remplir de sa Vie, donc avec un creux, que Lui Seul peut combler. L'amour humain entre l'homme et la femme est très beau ; il vient de Dieu, mais reste humain donc limité. Jésus Lui, nous a élargi le cœur, en nous demandant quelque chose d'impossible humainement parlant : « Aimez vos ennemis, faites du bien à ceux qui vous haïssent » Seul l'amour de Dieu en nous peut réaliser une telle chose, car nous fuyons ceux qui ne nous aiment pas, alors que nous devons les aimer autant que ceux qui nous aiment !... De même le Seigneur nous demande : « Pardonnez à vos ennemis » De plus, Dieu nous traitera, comme nous avons traité les autres et plus particulièrement ceux que nous n'aimons pas ou pas assez. Il nous faut donc accepter non seulement de ne pas être aimé, d'être abandonné, mais en plus, aimer ceux qui nous détestent !...Voilà ce qui nous fait peur, car dans cette pauvreté acceptée, nous devons traverser cette peur de ne pas être aimé, pour voir Dieu et sa Miséricorde..

Accepter d'être abandonné, c'est accepter d'être haï, insulté, mis sur la touche, mis à l'écart et souffrir que notre besoin d'amour reste béant, inassouvi, entendant Jésus dire pendant que l'on pleure, peut-être : « Heureux êtes-vous lorsque les hommes vous haïssent, lorsqu'ils vous rejettent et vous insultent, et proscrivent votre nom comme infâme, à cause du Fils de l'Homme. Réjouissez-vous ce jour-là et bondissez de joie, car voici, votre récompense est grande dans le Ciel » (Luc 6,22) Heureux êtes-vous si vous avez un frère qui vous dit : Réjouis-toi !... tandis que vous essuyez toutes sortes d'avanies, de calomnies, car votre cœur parfois est loin d'être dans la joie.

Traverser la peur de donner, ou de perdre ou encore de lâcher prise :
Tous nos manques d'amour provoquent un besoin de compensation, car cet immense vide qui est en nous, nous donne le vertige. Alors ce peut être pour calmer ce manque un substitut comme le tabac, l'alcool, la drogue, l'amour physique, etc... Parfois nous compensons par l'accumulation d'objets sur lesquels nous reportons nos affections. Ce peut-être également sur un chien, qui recevra un excès de caresses et sera traité parfois comme un véritable enfant. Alors donner un objet, écouter l'autre, c'est-à-dire donner son oreille pour écouter les besoins de l'autre, sera très difficile, presque impossible. Dans un acte de volonté, nous pouvons donner, nous rappelant la parole de Jésus : « Donnez et l'on vous donnera. » Désencombrons-nous, et nous pourrons recevoir ! ....

Traverser la peur de lâcher prise est une chose courante pour les mères qui veulent toujours agir à la place de leur enfant, ne leur laissant pas suffisamment d'initiatives : exemple une mère d'un enfant de 3 ans, se plaint que son fils veut tout faire par lui-même et la mère déplore de ne plus avoir un petit enfant tout dépendant d'elle, mais un enfant, qui se débrouille tout seul. Cette mère devrait être heureuse d'avoir un enfant dégourdi et elle souffre d'une frustration d'amour, qu'elle doit traverser, se disant que l'éducation est juste faite pour faire croître un enfant et non pour entraver sa croissance.

Traverser la peur de donner doit se traduire par un don de soi-même, qui sera un peu douloureux, mais porteur de cette pauvreté qui attire Dieu. Le Seigneur nous rend ici-bas au centuple, si nous savons regarder son action, car dès qu'un cœur se vide de lui-même, l'Amour du Seigneur s'y précipite par Son Esprit Saint. Chaque fois que nous donnons quelque chose au Seigneur, IL nous donne sa grâce, qu'auparavant nous étions incapable d'accueillir, car notre souci n'était pas Dieu mais la satisfaction de nous-mêmes.

Traverser la peur de voir ses péchés pour les confesser.
Là, notre orgueil subtilement caché, nous met un bandeau sur les yeux pour cacher ces péchés, car si nous avions oser les confesser, le « Seigneur les aurait guéris » Le malin sait s'y prendre avec nous, pour nous faire éviter de regarder le mal, qui est en nous, car la contrition, le regret de nos péchés entraînent le flot de la Miséricorde de Dieu qui vient détruire ce mal que nous confessons et mettre son Esprit Saint par l'absolution donnée par le prêtre. C'est pourquoi, nos yeux sont dirigés vers l'autre, le voient, le condamnent de peur de nous condamner nous-mêmes. Nous avons alors sur le voisin, cette lucidité implacable qui ne laisse nulle place à l'Amour de Dieu. Que Dieu montre sa gloire aux prophètes ou à ses saints, est une chose merveilleuse et admirable, mais depuis l'incarnation, la plus admirable manifestation de Dieu :

c'est l'Amour obéissant de Jésus à son Père, jusqu'à la croix. Si nous voulons être sauvé, et participer à la grandeur de notre Dieu, commençons dès maintenant, à voir le péché en nous, qui a conduit notre Dieu à une telle manifestation d'amour pour les hommes. Traverser la peur de voir ses péchés et s'accepter pécheur, mais pécheur pardonné par Jésus qui Lui, a accepté de mourir pour nous sur la croix.

Traverser la peur de perdre sa réputation
peut nous amener à l'immobilisme. Alors que le courage de traverser cette peur, nous ramène à traverser la peur de voir outre notre propre péché, les péchés des autres, qui amènent un telle situation. Nous ne pouvons accepter de traverser cette peur, que si d'abord, nous nous reconnaissons pécheur ayant besoin de recevoir par la main de nos frères, une certaine purification, bien méritée. Là encore il y a souffrance, mais souffrance oblative qui nous rend participant à la croix de Jésus. Là encore, retenons la Parole de notre sauveur : « réjouissez-vous si les hommes vous haïssent »

Traverser la peur de souffrir :
Rien sur la terre ne se fait sans sueur et souffrance. Nous savons que le Seigneur est auprès de nous et que dans l'Ecriture 365 fois, IL a répété « N'ayez pas peur. » La peur de souffrir augmentera la souffrance, si souffrance, il y a. N'oublions pas non plus, que le Seigneur Jésus a dit : « Venez à moi, vous tous qui êtes fatigués, portez mon joug il est léger » Pour traverser la peur de souffrir, il faut donc s'accrocher à Jésus Sauveur de toutes ses forces, faire confiance à sa Parole, et accepter, au jour le jour, la vie, en saisissant la joie du jour et dans les détresses faire confiance en se rappelant ce que l'apôtre Paul : « Qui nous séparera de l'Amour du Christ ? la détresse, l'angoisse, la persécution, la faim, le dénuement, le danger le glaive ? Oui j'en ai l'assurance... Rien ne pourra nous séparer de l'Amour de Dieu manifesté en Jésus Christ, notre Seigneur » (Romains 8,34-39)

Il nous faudra tous traverser cette peur de mourir : nous sommes faits pour la vie Eternelle, mais il nous faut quitter cette vie. Seule notre confiance d'enfant en ce merveilleux Amour qui nous ouvre les bras et qui a pour nom **ABBA** Père, nous fera vivre dans la paix, ce temps particulier et unique. « Voici que je viens vers Toi Seigneur comme ton enfant. Je viens me jeter dans ton Amour. Alors me direz-vous, je ne peux pas être pauvre, car je ne peux pas faire semblant de croire, et me forcer à accepter ce que mon esprit ne veut pas accepter… C'est là, je pense, le plus grand acte de pauvreté à faire, car la pauvreté d'esprit ou de cœur, n'est pas un état passif, mais un acte volontaire de notre esprit qui veut dominer notre « chair » pour devenir, selon saint Paul des êtres spirituels, menés par L'Esprit Saint. Jésus nous invite, nous appelle : « Viens, suis-moi … » Qu'allons-nous répondre aujourd'hui ?

- Allons-nous faire confiance au témoignage des apôtres et des martyrs qui ont donné leur vie pour Jésus ?
- Allons faire confiance à ces témoins contemporains de Jésus, qui ont versé leur sang, pour le Christ ? …
- Allons-nous prendre chaque matin cette décision de louer notre maître et Seigneur - - - Allons-nous nous approcher de Lui dans une prière de foi, ou rester sur le bord, sans oser plonger dans l'océan de son amour et de sa grâce ?...

Un cœur de pauvre n'a rien à perdre, il a déjà tout donné à son Dieu. La prière peut être ce contact plénier avec le cœur intime de son Seigneur qui n'attend qu'un cœur vide pour le rempli de LUI : « Alors nous viendrons chez lui, faire notre demeure »

Quelle merveille !... Dieu si grand et en nous si petit ! Notre intelligence est alors redonnée à son créateur et comme Marie, nous allons garder toutes ces choses en nos cœurs pour nous exposer à l'amour du Seigneur dans l'adoration muette et descendre tout doucement dans le plus profond de ce cœur où Dieu fait sa demeure…Nous n'y perdons rien, en faisant cet acte de pauvreté bien au contraire, nous y gagnons… L'intelligence du Seigneur, vient nous donner sa « vraie Lumière » Nous avons soumis notre intelligence à notre volonté, en les déposant aux pieds de Dieu et nous trouvons ce que nous cherchions vainement ailleurs. Saint Augustin a dit : « je Te cherchais vainement à l'extérieur, alors que TU étais au-dedans ! » Si nous n'acceptons pas cet acte d'humilité qui conduit à la pauvreté, si nous ne demandons pas au Seigneur, cette pauvreté nécessaire pour Le trouver, alors notre intelligence va tourner en rond, dans le vide, sans trouver de réponse satisfaisant cet immense soif de Dieu en nous.

Pour trouver cette pauvreté, nous avons un guide sûr la parole de Dieu. Faisons donc confiance à la Parole qui ne revient pas sans avoir accompli son action, car c'est la Parole du Tout Puissant. Notre esprit, lui, veut rester, dans le tangible (ce que nous pouvons voir et toucher) dans la sécurité apportée par ce que nous donnent les sens ; alors que Dieu nous conduit à des « réalités spirituelles » que nous ne pouvons pas encore expérimenter d'une façon sensible, mais seulement par la foi. Saint Paul dit que c'est justement cela : **« croire ce que nos yeux, n'ont pas vu, ce que nos oreilles n'ont pas entendu »** Alors par la foi, par la prière qui nous relie au cœur de Dieu, nous avons accès aux trésors du Royaume dès ici-bas ! … mais attention au prix de descendre toujours plus profondément dans l'obscurité de notre cœur en ayant toujours ce seul phare : la Parole de Dieu. Peu à peu, les barrages, dus à notre péché, vont céder, tandis que la sainteté de Dieu va continuer à nous attirer. Notre péché va nous apparaître plus grand, du fait, qu'à genoux devant la croix, nous contemplons ce mystère de notre Rédemption, incompréhensible à notre petit esprit d'homme, mais abordable par le lien de l'Amour déversé en nous. Saint Paul nous dit qu'il annonce seulement ce kérygme » c'est-à-dire le cœur de notre foi : Jésus Crucifié par amour pour les hommes, Ressuscité et Vivant.
Toutes nos peurs : peur de manquer, peur de ne pas être aimé et reconnu sont des obstacles à cette pauvreté qui est détachement. **« Jésus nous a dit chercher le Royaume de Dieu le reste vous sera donné par surcroît** ne vous inquiétez pas du lendemain, demain s'inquiétera de lui-même « (Matthieu 6, 31-34)

Il est à noter que nous disons chaque jour à notre Père : « Donne nous le pain de ce jour » c'est-à-dire nourriture, Parole, Corps, Esprit Saint... La grâce est pour le jour même et uniquement pour ce jour... Vivons donc avec cette certitude que l'Amour de Dieu sera le même aujourd'hui et demain... Rappelons-nous la manne donnée aux hébreux ne se gardait pas jusqu'au lendemain sauf si c'était le Sabbat. Dieu pourvoit selon son projet sur nous. Bénissons le Seigneur qui agit en Père.

Jésus s'est incarné pour nous apprendre ce chemin de pauvreté en mettant toute sa confiance en son Père, même quand la coupe était horrible et amère. Donc évitons cette tentation de reconstruire des greniers plus grands pour entasser tout notre blé. Pensons seulement qu'aucune richesse ne peut être emportée dans la mort, si ce n'est l'Amour désintéressé. La pauvreté devient renoncement à toute possession quelle qu'elle soit. Le plus important ce n'est pas que nos idées triomphent mais que l'Amour triomphe, que la volonté de Dieu soit faite, que son règne vienne ! Quand nous sommes malades ou âgés, nous ne pouvons faire ce que nous voulons. Jésus l'a bien dit à Pierre : « Quand tu ne pourras plus mettre ta ceinture tout seul, un autre te la mettra et te fera aller où tu ne voudrai pas aller !... »

Saint Jean de la croix, montre que l'important ne réside pas dans ce que nous avons à lâcher, à donner, à offrir à Dieu en cadeau d'amour mais dans le fait que quelle que soit notre chaîne : un fil ou un câble, nous nous en libérions, volontairement. La pauvreté n'est pas la passivité, mais un acte d'amour, cela doit faire mal de se séparer. Dans un acte de pauvreté ! Etre pauvre c'est tout attendre de Dieu, certes, mais dans le renoncement à nous—mêmes. « Celui qui ne renonce pas à lui-même, nous dit Jésus, ne peut pas être mon disciple ! »

Etre pauvre, c'est s'abandonner (verbe actif), faire confiance au Seigneur. La pauvreté c'est l'amour actif, tout simplement. C'est le don de nous-mêmes et de ce que nous possédons. Qui veut rencontrer Dieu, va donner de lui-même, sans se plaindre, en action de grâce, à cause de l'Amour qui ne passe pas.

La pauvreté, ce n'est pas une théorie, c'est une action qui met en œuvre tout notre être, toutes nos capacités, notre volonté et notre amour. Nous chantons : Toi l'Amour et le Don !

La pauvreté, c'est agir avec la souplesse de l'Esprit Saint, dans les situations de la vie quotidienne.

La pauvreté, c'est la capacité de voir les vraies valeurs cachées dans les êtres qui nous entourent.

La pauvreté, c'est reconnaître qu'il n'y a que l'amour qui rend riche !

Les fruits de la pauvreté, sont :

    La liberté intérieure

    La paix inaltérable ·

    Le détachement de nos soucis, car Jésus porte notre croix

    L'évangélisation : ce que j'ai, je te le donne

    L'écoute et le silence intérieur

    La disponibilité à l'Esprit Saint

    Dépendant de Dieu, nous sommes conduits à la louange et à l'adoration !

    La joie de vivre dans l'espérance de la vie éternelle déjà commencée !

Si nous recevons des persécutions, rappelons-nous : Jésus a dit

    « Ils m'ont persécuté, ils vous persécuteront aussi »

    LE SEIGNEUR EST AVEC NOUS !

CHAPITRE 50

LA PAUVRETE ET LE DETACHEMENT

La pauvreté que le Seigneur attend de nous, c'est de demander à notre Papa Bon Dieu de nous libérer de notre fardeau, pour nous remplir de Lui. Nous pouvons accueillir le Tout Autre, le Seigneur, qui aspire à se donner à nous, dans la mesure où nous acceptons la pauvreté et si nous la demandons. La pauvreté n'est pas un but, elle est un moyen de recevoir le Tout Autre. Les chemins de pauvreté sont nombreux, mais ils sont tous détachements de ce que nous possédons, ce que nous sommes, ce que nous voulons être, pour choisir d'être ce que le Seigneur veut que nous soyons, et recevoir le chemin de détachement qui nous est propre. Celui qui est très attaché aux biens matériels : ce peut être pour lui, une vie plus simple, sans faste, plus frugale, détachée de satisfactions gourmandes, afin de faire la place au Christ pauvre « qui n'a même pas une pierre où reposer sa tête. » Ce détachement matériel peut prendre des formes variées et nombreuses, elles ont toutes le même but : faire la place à Jésus. Nous ne pouvons pas accueillir Dieu, si nos pensées, si notre corps, si notre volonté, ne sont pas soumis à Dieu. Donc nous rejoignons la prière de Jésus « que Ta Volonté soit faite ! »

Nous ne pouvons pas recevoir Dieu, si nous excluons les autres de notre vie, ou encore, si les autres ont une place si grande, qu'il ne reste aucune place pour Dieu. Exclure les autres, c'est ne pas voir leurs besoins, leurs problèmes et l'aide que nous pourrions leur apporter. Être rempli des autres, c'est se contenter de cet amour reçu et donné, amour légitime, bien sûr, telle l'affection de nos enfants et de nos parents ou nos amis. Cet amour doit être soumis à notre Père, c'est-à-dire que nous devons aimer Dieu d'abord, sachant, que ces affections ne sont que des dons précieux de l'Amour Divin, qui peuvent nous être retirés à tout instant. Offrir par exemple ses enfants à

Dieu, c'est laisser Dieu les aimer plus que nous, lâchant une certaine possession, une certaine emprise de notre amour qui n'est pas ajusté à ce que Dieu veut. Sachons remercier Dieu pour toutes ces affections reçues et retirées, car l'aimer Lui, c'est tout conditionner à Lui-même et pas à nous ; par conséquent un premier remerciement : c'est reconnaître l'Amour du Père en Jésus Christ. Le remercier pour la joie de Le connaître et de l'aimer. Le remercier pour son Amour infini des hommes !...

Pauvreté : détachement de nos affections terrestres, sachant que rien ne pourra nous séparer de l'Amour de Dieu. Même Marie a dû se détacher de ce qu'elle avait de plus cher : son Fils et son Dieu fait homme. Malgré L'Esprit Saint qui était en elle ; combien elle a dû souffrir de ce détachement de l'affection qui la liait à son Fils !... Marie avec Joseph, ont cherché Jésus avec angoisse pendant trois jours pour le retrouver à Jérusalem, dans le temple. Marie a commencé à comprendre la pauvreté du détachement d'une mère qui doit laisser son fils vivre sa vocation. Puis après sa passion pendant les trois jours où Jésus est resté dans le tombeau !.. La pauvreté acceptée de la mort de son enfant !...(noter que dans les deux cas, il s'est passé trois jours !...) Jésus avait uni Marie à son dessein de la Rédemption, jusque dans le détachement extrême de la mort de son enfant, Fils de Dieu.

Plus on est uni à l'être aimé, plus on aime et, plus la séparation est douloureuse ! L'enfer, c'est la séparation d'avec Dieu pour l'Eternité !

CHAPITRE 51
LA PAUVRETE UNE DISPOSITION DU CŒUR

« Heureux les pauvres de cœur, le Royaume de Cieux est à eux ! «
(Matthieu 5-3)

La pauvreté du cœur est une disposition du cœur, qui nous rend apte à recevoir Dieu, car nous dit Matthieu l'apôtre : L'Evangile est révélé aux tout-petits « (Matthieu 11, 25 ss) C'est donc ce cœur de simple, de tout petit, de pauvre, qu'il nous faut avoir pour avoir part au Royaume des Cieux qui est comparé à un festin de noces pour le fils du roi. Le livre de la Sagesse nous dit encore au chapitre 9 verset 1 à 4 : « la Sagesse a bâti sa maison elle a dressé la table... Qui est simple, qu'il passe par ici... » Jésus nous dit encore : « Qui donc se fera « petit » comme ce petit enfant-là, celui-là est le plus grand dans le Royaume des Cieux « (Matthieu 18-4)

François d'Assise a vécu la pauvreté évangélique matérielle, lui qui était né dans une famille plutôt riche. Frère Bernard Marie a écrit une interview fictive entre saint François et lui-même, qui s'inspire directement des écrits authentiques du saint, qui disait : « la pauvreté évangélique, la pauvreté en Esprit, c'est l'humilité ! Plus vous serez humble, comme votre Seigneur, qui s'est mis à genoux devant sa créature pour lui laver les pieds avant de mourir pour elle ; plus vous serez pauvre comme le désire Dieu. Plus vous serez petit par amour, donc fragile et dépendant, plus vous permettrez à Dieu de vous manifester à quel point, il est un Père plein de bonté !
- Frère Bernard Marie disait : « Frère François, je comprends mieux où se situe l'essentiel. Pour nous spontanément la pauvreté est d'abord liée à l'avoir. Toi avec humilité, tu vas plus loin, jusqu'à l'être même, tu fais de l'humilité, l'âme de la pauvreté.

- Frère François : la pauvreté, dans la mesure où elle est obéissance à l'Esprit, a le grand mérite de nous libérer des soucis de ce siècle...
Être pauvre, c'est être mort à soi-même, prêt à accepter n'importe quelle croix, c'est ne rien vouloir garder pour soi, c'est être petit, vulnérable comme un petit !... Voilà l'exigence qui nous permettra de dire avec saint Paul : « Alors « **ce n'est plus moi qui vit, c'est le Christ qui vit en moi** » L'heure de notre mort, sera l'heure de la plus grande pauvreté, du plus grand dépouillement : nous quittons non seulement notre propre vie, mais tout ce que nous n'avions pu quitter. Thérèse de L'Enfant Jésus disait mourante : « On éprouve une si grande paix, d'être absolument pauvre de ne compter que sur le Bon Dieu » Pour Jésus l'heure de sa mort, fût l'heure de la plus extrême pauvreté, car battu, couronné d'épines, dénudé, crucifié : IL ne possédait plus rien. IL était la victime parfaite : l'Agneau de Dieu, comme l'avait annoncé Jean Baptiste : L'Agneau immolé silencieusement en sacrifice : « **Pour laver dans son sang, toutes les infamies des hommes** » (Apocalypse 7-14) Devant un tel sacrifice, devant un tel mystère d'Amour Parfait et infini, nous ne pouvons que tomber à genoux disant :

« **Mon Seigneur et mon Dieu** »

Il n'y a qu'un mot que Jésus n'a pas dit en parole à la croix, mais que notre Seigneur a exprimé avec toutes les fibres de sa chair, en s'abandonnant à la fureur des hommes, ses frères ; en s'abandonnant à l'incompréhension des hommes, ses fils d'adoption : Je t'aime d'un amour éternel !...Mais chaque goutte du sang de notre Seigneur était une perle précieuse exprimant le feu de son Amour pour tous les hommes. « Comme je voudrai que ce feu soit allumé » disait Jésus avant sa passion. Avec l'apôtre Paul, nous pouvons dire : « **Le Fils de Dieu m'a aimé et s'est livré pour moi** » (Galates 2-2)

La pauvreté, c'est la solitude du Christ abandonné de tous ... Notre pauvreté, c'est la solitude où nous sommes de vivre et penser à l'inverse du monde, ne recherchant pas les plaisirs, mais se vidant de tout désir, pour n'avoir plus qu'un seul désir :

connaître et aimer Dieu, pour le faire connaître et aimer. De notre conversion, sans cesse renouvelée, dépend la conversion de ceux qui nous entourent.

La pauvreté nous permet de voir, à travers l'horreur du mal et de la mort, le Coeur de Dieu offert sans cesse à l'amour des hommes :
- En lisant la Passion de notre Seigneur,
- En se laissant imprégner par la grâce,
- En entrevoyant dans ce mystère de Dieu fait homme, toute la richesse de notre Seigneur qui nous amène à sa Vie Nouvelle, c'est-à-dire bien au-delà de la restauration de notre pureté originelle, puisque par sa mort et sa résurrection, Jésus nous conduit dans l'abîme même de Son Amour : C'est l'Esprit Saint lui-même qui nous recrée.

Le Seigneur Jésus a choisi la pauvreté pour être libre de toute attache humaine, pour venir à la rencontre de l'homme, où qu'il se trouve même dans le plus extrême dénuement. La pauvreté selon le cœur de Dieu est la pauvreté de soi-même, mais richesse incommensurable du Seigneur qui vient remplir notre faiblesse. C'est ainsi que s'éclaire la parole de l'apôtre Paul :« Aussi mettrai-je mon orgueil plutôt dans mes faiblesses, afin que repose sur moi, la Puissance du Christ » (2 Corinthiens 9) C'est donc dans notre pauvreté que s'expérimente la force du Seigneur.

CHAPITRE 52

PAUVRETE ET ACCEPTATION

La pauvreté : c'est l'acceptation paisible de se voir pécheur face à la Lumière et la Miséricorde de Dieu. Devant mon Seigneur, Dieu de Lumière, je suis sa créature qui a perdu cette intelligence de la grâce, en cessant d'être relié à Lui par la prière et les sacrements, donc en cessant de faire ce que mon Créateur et Sauveur m'ordonne pour ma vie. Dans une séquence de la Pentecôte, il est dit que : « Sans le Saint Esprit, il n'est rien en l'homme qui ne soit perverti ! » Tout ce qui est droit, vient de Dieu, tout ce qui est perverti vient du malin …

La pauvreté c'est s'accepter pécheur, grandement pécheur, mais pécheur pardonné, par la plus extraordinaire manifestation de l'Amour Divin. Cette acceptation attire l'Amour Crucifié à se manifester. Ecoutons la voix de Jésus à soeur Faustine : *« Même si ses péchés étaient noirs comme la nuit ; en s'adressant à Ma Miséricorde, le pécheur me glorifie et fait honneur à ma passion ! »*

Parfois la Lumière de Dieu vient éclairer la noirceur de nos vies, avec une telle acuité, que certains de nos actes que nous avions pu croire bons, sont tout emprunt de notre nature faussé par l'orgueil ou l'égoïsme. Alors c'est une vraie souffrance salutaire, qui nous introduit dans un repentir sincère de nos fautes, c'est-à-dire regret d'avoir offensé l'Amour même. Et nous pouvons laisser agir la grâce en nous, car la sanctification n'est autre que l'action et l'effet de ce qui nous sanctifie, de ce qui nous rend saint ! L'Esprit Saint par sa grâce, peut nous sanctifier, si notre âme alors se laisse faire… Sanctifier : vient d'un mot latin composé de deux mots : sanctus : « saint » et de facere : « faire ». Alors, en nous reconnaissant pécheur, osons croire à l'action même de L'Esprit de Dieu qui nous « fait saint » : car c'est Lui Seul qui sanctifie. Auparavant nous aurons la pénible tâche de reconnaître toutes les circonstances de notre vie, où nous nous sommes détournés de notre but ultime : La louange de notre Dieu, pour nous retourner sur le seul plaisir de nous-mêmes. Nous entrons là dans une démonstration flagrante de notre péché. En effet, le mot « péché » en hébreu, veut dire : se détourner de sa cible. La cible étant Dieu qui nous a créés pour être louange à sa gloire. Comme le dit saint Augustin : Dieu nous a créés pour Lui, c'est-à-dire pour notre bonheur et notre bonheur ne réside qu'en Lui, la source vive de Vie Eternelle, la source de notre salut !

La pauvreté réside donc, non seulement « de se reconnaître pécheur » mais d'accepter nos limites !.. L'orgueil émoussé nous fera souffrir. Il faut donc beaucoup de simplicité pour devenir petit enfant et beaucoup d'humilité pour s'accepter pécheur. Mais alors quel émerveillement de voir combien ce pauvre pécheur est aimé, infiniment aimé et de plus pardonné par l'Amour incarné, par Jésus offert sur la Croix ! Oui, la pauvreté nous amène à nous découvrir **« pécheur pardonné » par le sang de Jésus.** C'est là le début de la louange, devant la Création Nouvelle de Dieu, le Royaume, que nous pouvons dès ici-bas, contempler dans la foi. Nous en admirons la grandeur et louons le Seigneur pour ce don immérité et donné par pur amour des hommes. « C'est par la grâce, en effet, que vous êtes sauvés » (Ephésiens 2-8)

CHAPITRE 53
PAUVRETE JOUR APRES JOUR

La pauvreté se construit, jour après jour, dans l'exercice de la simple vie quotidienne vécue par tous ces petits renoncements qui n'ont l'air de rien, qui passent inaperçus aux yeux du monde et ont du prix seulement aux yeux de Dieu : « Les plus grandes grâces et la sainteté la plus sublime dépendent ordinairement de la générosité que l'on met à se mortifier constamment dans ces petites occasions sans cesse renaissantes » (Croizet) Plus l'amour de Jésus grandit en nous, moins le joug de notre Sauveur parait lourd à porter. Nos actions, sont alors portées par Jésus Lui-même dans l'épreuve, si bien que le Seigneur nous prenant les 9/10e de notre croix, nous pouvons comprendre la parole de Jésus : « Mon joug est doux, et mon fardeau léger » Saint Paul surabondait de joie au milieu des tribulations « Je déborde de joie dans toutes nos détresses » dit-il (2 Corinthiens 7 4) Saint François de Xavier écrivait à ses frères de Rome : « Je suis dans un pays où l'on manque de tout, pour les commodités de la vie, mais j'y ressens tant de consolations intérieures, qu'il y a danger que je perde les yeux à force de pleurer de joie. » Se renoncer, devenir pauvre par amour ne peut se faire sans le secours de l'Amour du Cœur de Dieu. Un jour, Marguerite Marie se « sentait pressée » par de fortes répugnances et elle semblait ne pouvoir se résoudre à obéir, tant l'aversion qu'elle ressentait était forte. Notre Seigneur lui reprochait la lâcheté qu'elle mettait à se vaincre pour l'amour de Lui : « que voulez-vous donc que je fasse ? lui dit-elle, ma volonté est plus forte que moi. » « Mettez-la, lui dit Notre Seigneur, *mettez-la dans la plaie de mon Cœur* et elle trouvera la force de se surmonter. » « Sans Moi, vous ne pouvez rien faire » avait dit Jésus.

Nous, nous essayons à la force du poignet, avec toute la capacité de notre intelligence à vaincre par nous-mêmes, alors qu'il faut seulement saisir l'occasion offerte, de reconnaître chaque jour, Jésus en notre frère et de puiser dans le Cœur de Jésus la force d'accomplir ce que Sa Volonté nous suggère. Charles de Foucauld dit : « Ne laissons pas passer Jésus à côté de nous sans lui faire le bien dont Il a besoin et que nous pouvons lui faire. « On ne commence à vivre pour Dieu que lorsqu'on meurt à soi-même » (imitation de Jésus Christ)

La pauvreté, c'est s'accepter tel que nous sommes, afin que le Seigneur nous vide de nous-mêmes et nous remplisse de Lui. Cette purification douloureuse et nécessaire, est fructueuse, car c'est le Seigneur qui en a l'initiative et fait grandir en nous sa grâce sanctifiante. Comme un feu qui brûle en commençant par fumer, tout ce qui brûle en nous dégage une fumée épaisse qui obscurcit tout, avant qu'une belle flamme nous consume. L'amour du Seigneur veut se répandre, mais nos cœurs sont fermés ! « Dieu, en effet, répand ses bénédictions dans les vases qu'IL trouve vides » (imitation de Jésus Christ)

Jésus a montré son Cœur à Marguerite Marie : « Voici ce Cœur qui a tant aimé les hommes, qu'IL n'a rien épargné jusqu'à s'épuiser et se consumer pour leur témoigner son Amour » Le Seigneur nous aime !... nous aime tant et nous ne comprenons pas ; pourtant, comme à Jérémie, Il nous dit : « **D'un amour éternel, Je t'ai aimé aussi t'ai-je conservé ma faveur** » (Jérémie 31-3) Malgré nos détournements, nos manques de réceptivité, Jésus est là. Il frappe inlassablement à la porte de notre cœur disant : « Si quelqu'un entend ma voix, et ouvre la porte, j'entrerai chez lui » (Apocalypse 3,20)

Un Dieu pauvre, Lui, le Père des pauvres, ne peut entrer que dans un cœur pauvre, qui attend tout de son Seigneur. Jésus s'est fait pauvre : Il a renoncé à toute sa gloire du Ciel, pour devenir semblable aux hommes, hormis le péché, afin que le plus pauvre, puisse reconnaître en Jésus, son frère qui le sauve des ténèbres de la mort.

Jésus n'est pas venu abolir le mal, lors de sa première venue, mais à la fin, lors de sa seconde venue, le dernier mal vaincu sera la mort. Jésus est venu pour aider à traverser avec Lui, la mort pour entrer dans sa vie. La plus extrême pauvreté selon Dieu, est toute remplie d'espérance, alors que la plus extrême pauvreté, selon le monde, est remplie de désespérance. Celui qui a souffert pour nous et a vaincu par sa résurrection la mort, peut seul nous porter jusqu'au Père. La pauvreté devient confiance filiale en la Toute Puissance de l'Amour qui est Vie : redisant avec Jésus : « Entre tes mains, Seigneur, je remets mon esprit. » attendant cette réponse « entre dans la Joie de ton Seigneur ! »

Nous pouvons avoir confiance, car frère André, fondateur du mont Royal au Canada dit : « Quand vous dites tout bas : « Notre Père qui êtes aux Cieux, Il a l'oreille sur votre bouche. » C'est vrai : « la main du Seigneur n'est pas trop courte pour sauver » nous dit l'Ecriture, c'est notre confiance qui est trop étroite, trop petite en son Amour de miséricorde. Sainte Colette a choisi la pauvreté pour réformer les trois ordres franciscains. Elle demande au pape Benoît XIII la grâce de pratiquer la règle de sainte Claire, en particulier la pauvreté, alors abandonnée par la quasi totalité des clarisses ! Elle fonde un monastère à l'âge de 23 ans. Dans la fidélité à sa mission donnée par le Seigneur, Colette restaure la vie contemplative, dans un abandon filial à Dieu. Pauvreté et abandon filial, voilà les deux moyens qui n'en font qu'un et nous rendent apte à recevoir Dieu et son royaume, dès cette terre sous le couvert de la foi. Colette a choisi l'essentiel : servir Dieu et, chanter ses louanges. Voilà ce que nous ferons dans la joie de l'Eternité et que nous pouvons commencer à faire dans l'obscurité de la foi. La vie mystique de Colette est source de fécondité, qui se déploie dans la faiblesse de ceux qui n'attendent rien d'eux-mêmes et tout de Dieu. Voilà la pauvreté en acte !...

La Vierge Marie a connu la pauvreté, sous toutes ses formes. Elle l'a acceptée dans une soumission d'amour. La plus grande pauvreté pour Marie fut certainement la mort et l'absence de Jésus, après son ascension. Car elle était toute remplie de l'Esprit Saint, au point d'en concevoir Jésus. Même cette grâce à nulle autre comparable, Marie a dû s'en dépouiller et nous donner son Fils, dans un acte de pauvreté. Notre pape Jean Paul II dit : « que Marie au pied de la croix, participe au mystère bouleversant du dépouillement. Jésus, nu dépouillé de tout vêtement, lacéré de coups, crucifié, couronné d'épines donne toutes ses forces, donne sa vie, tandis que Marie se laisse appauvrir encore plus , puisqu'elle nous donne même son Fils, son Dieu. La pauvreté de Marie est la plus extrême pauvreté, puisque le Seigneur l'a privée de la plus grande des richesses : après avoir mis au monde le Messie, après avoir vécu avec Lui, le Seigneur lui a retiré le Bien au-dessus de tout Bien : Jésus, homme et Dieu, pour ne laisser vivre sa mère, qu'avec l'aide de L'Esprit Saint et la foi, comme tout homme. Quel vide immense, que d'être privé de Jésus, quelle pauvreté à nulle autre pareille !... » *« La grandeur spirituelle d'une créature face à Dieu, en cette vie, ne se mesure pas tant à ce que Dieu lui donne, qu'à ce que Dieu lui demande. »* (Père Cantalamessa) Cette parole semble expliquer la pauvreté particulière de Marie.

Chacun reçoit de Dieu sa pauvreté, cependant à qui veut suivre Jésus, le Seigneur demande un dépouillement progressif et continuel. La mort est le dernier dépouillement et le dernier acte de pauvreté et de confiance dans les paroles de notre Sauveur. Si on measure la grandeur spirituelle face à ce que Dieu nous demande, combien plus on peut mesurer ou plutôt contempler le dépouillement de Jésus qui a tout quitté : puissance, gloire et immortalité, pour revêtir nos limites humaines, notre fragilité, notre vulnérabilité, notre mort !

Je ne loue pas un père qui amène celui qu'il aime à la mort, je loue Dieu le Père d'avoir envoyé son Fils par amour pour nous, les hommes, qu'IL a créés et qui se sont détournés de Lui. Je loue ce dépouillement, cet appauvrissement inimaginable qui a fait surgir Dieu de sa gloire, pour naître pauvre et vulnérable. Cette « kénose « me paraît un mystère d'amour, aussi grand que celui de la croix, car Jésus, Lui, le

Saint a dû supporter dans sa chair la limite physique, la limite douloureuse et surtout la souffrance du mal qui l'environnait et voulait le contraindre à abandonner son œuvre de salut, voulue par le Père, qui désire répandre sa vie divine sur chaque homme de bonne volonté.

CHAPITRE 54

PAUVRETE UN CHOIX UN MOYEN

« La pauvreté est mauvaise aux dires de l'impie »
(Siracide 13, 24)

Pour comprendre la pauvreté nécessaire pour accueillir Dieu, il faut déjà tourner ses regards vers notre Seigneur avec une constance sans cesse renouvelée, car aux yeux du monde, la pauvreté est mauvaise. Jésus qui apparaît disait à une sainte, dont j'ai oublié le nom : « crois-tu que si j'ai choisi la pauvreté, c'était sans raison » N'est-il pas dit : « la bonne nouvelle est annoncée aux pauvres ? » (Luc 7 -22) Pour accueillir cette bonne Nouvelle du Royaume de Dieu, il faut donc avoir un cœur de pauvres, par Jésus qui s'est fait pauvre, « Lui qui était riche, pour qu'en sa pauvreté, nous trouvions la richesse » (2 Corinthiens 8,9) La richesse d'aimer Dieu Seul. Ce qui inclue, les ennemis, ceux qui nous méprisent, disent du mal de nous, ne nous regardent plus et se détournent. Là, nous entrevoyons la suite des béatitudes énoncées par Notre Seigneur : bonheur qui vient de cet état de pauvreté acceptée en union à Jésus : « Heureux êtes-vous lorsque les hommes vous haïssent, lorsqu'ils vous rejettent et qu'ils vous insultent et proscrivent votre nom comme infâme à cause du Fils de l'Homme. Réjouissez-vous ce jour-là et bondissez de joie, car voici votre récompense est grande dans le ciel... » (Luc 6 22) Absorbés que nous sommes dans l'appauvrissement imposé par les autres, nous ne nous réjouissons pas, comme sainte Marguerite Marie de ce que les autres nous méprisent, parce que nous ne sommes pas assez unis à Jésus, et même, parfois nous n'arrivons plus à prier, alors qu'il nous faudrait prier deux fois plus, pour rester uni, par la foi, au Seigneur, qui voit tout et qui sait tout. Si nous pouvions avoir cette confiance en la présence réelle du Seigneur dans l'Eucharistie, nous aurions un réconfort sûr, dans la mesure où nous mettant à

genoux en découvrant notre incapacité à aimer, comme Dieu le désire, nous mettions à nu, cette pauvreté, que le Seigneur creuse en nous, pour mieux nous remplir de Lui. Car *« Dieu console d'une manière secrète le cœur brisé »* nous dit saint Jean Climaque. En effet, l'Ecriture nous dit que le Seigneur est tout près des cœurs brisés : c'est-à-dire des cœurs qui ne se rebiffent pas contre l'action du Seigneur. Saint François de Sales nous dit que « l'âme aimante se contente de tout, pourvu que Dieu soit servi » C'est pourquoi, ne voyant que le Seigneur, qui en Jésus a connu, pour nous sauver, la plus extrême pauvreté, le plus extrême abaissement, c'est avec joie, que nous contemplons l'Amour du Père, révélé en Jésus Christ. Avec Saint Jean Climaque, nous pouvons expérimenter que lorsque : notre mentalité terrestre a été consumée et maîtrisée par notre zèle, nous pratiquons les vertus avec beaucoup de joie, d'élan et d'amour, et avec une flamme divine. La joie vient de Dieu, quand la pauvreté nous a vidé et que l'Esprit Saint nous remplit !... C'est la merveille que le Seigneur veut faire, en chacun de nous. Soeur Marie Pascale nous dit que « Plus on se convertit, plus on devient joyeux » Plus on se convertit, plus on perd les écailles de notre carapace, les plumes de notre orgueil, et les fausses richesses de notre égoïsme !
…

La pauvreté, selon le cœur du Christ Jésus, est un moyen de donner à Jésus quelque chose qui nous tient à cœur, quelques biens matériels : « j'avais faim et vous m'avez donné à manger. J'avais soif et vous m'avez donné à boire. Quand vous l'avez fait au plus petit d'entre les miens, c'est à Moi-même, que vous l'avez fait » Il est vrai, que nous avons peut-être du mal à donner de l'argent ou des biens matériels. Une drôle de voix vous dit : »qu'est-ce que tu vas donner, cela en effet cela pourrait bien te servir ! Il est vrai que tous les manques, toutes les privations ont fait que par réaction, nous thésaurisons… Qui a eu faim, fait des réserves de nourriture : réaction toute humaine. Le Seigneur dit à ses apôtres : « N'emportez ni bourse, ni tunique de rechange » Et nous, nous gardons, cela peut toujours servir !... Donne-moi de savoir donner Seigneur ! Il est vrai qu'en dehors de l'argent, il y a beaucoup de choses que nous pouvons donner : temps, compétences, amitié pour celui qui est seul, visite à celui qui est malade. Nous allons alors voir un petit frère de Jésus et nous devenons à notre tour petit frère de Jésus, car le Seigneur a dit : « Qui est mon frère, ma mère, ma sœur, celui qui fait la volonté de mon Père qui est aux Cieux » (Matthieu 12, 46-50)

La pauvreté, c'est donner avec tact et discrétion, voyant à travers le frère le visage du Christ Jésus. Cela change alors notre manière de donner, car ce n'est plus nous qui donnons, c'est celui qui reçoit qui nous donne Jésus ! Nos mains, qui se ferment pour tout garder, s'ouvrent alors, voyant parfois, à travers le visage rébarbatif de l'autre, le visage blessé de Jésus Crucifié qui attend notre petite offrande. À quoi sert-il de découvrir tout l'amour de Jésus crucifié si voyant cet amour, nous le serrons dans notre tête, sans qu'il vive à travers notre cœur, pour se répandre sur nos frères !... Comme les autres, je fais « mon mea culpa « désirant ouvrir mes mains pour donner !

CHAPITRE 55

PAUVRETE CHEMIN VERS LE PERE

La pauvreté conduit à Jésus, chemin vers le Père. La vraie pauvreté élève notre regard vers Jésus, notre Seigneur qui nous donne ce même amour du Père, qui l'a conduit jusqu'à la croix, par obéissance au Père et par amour des hommes dans l'accomplissement total de l'œuvre douloureuse de notre salut. Qui nous a aimé comme le Père qui nous a envoyé son Fils pour nous sauver ? Si la vraie pauvreté conduit à voir Jésus, à recevoir pleinement Jésus, le vrai amour de Dieu nous conduit tout naturellement à l'évangélisation. Là, si nous voulons livrer Jésus aux cœurs assoiffés, il nous faut recevoir et vivre cette pauvreté recherchée et vécue par Jésus : « Le Fils de l'Homme n'a pas où reposer la tête » (Matthieu 8,2) Nous nous trouvons alors face à Jésus, qui nous demande notre conversion totale et complète. Qu'allons donner à Jésus aujourd'hui ? Lui qui nous a tout donné : sa Vie, son Corps, son Esprit et qui nous promet la vie Eternelle, c'est-à-dire « la connaissance du Père et de son envoyé Jésus Christ. »

Cette connaissance qui est une connaissance d'amour est ici commencée sous le voile de la foi, par tous nos actes d'amour cachés, par notre louange gratuite qui monte vers :

    Dieu de toutes Splendeurs

    Dieu Créateur et Sauveur

    Dieu Infini Grand et infiniment Petit

    Dieu qui remplit l'Univers

    Dieu qui se livre toujours aux hommes,

    Dieu qui continue à se livrer par amour dans son Corps Eucharistique, par la Toute Puissance de cet autre Paraclet qu'est l'Esprit Saint

La louange ne monte bien, que d'un cœur libéré du péché par le pardon, libéré des entraves charnelles par la pauvreté, libéré du malin par l'Amour du Père. En résumé nous pourrions dire que la pauvreté à laquelle chacun est appelé, quelque soit son état a été dite par Jésus : « Si quelqu'un vient à Moi, sans me préférer à son père, sa mère, sa femme, ses enfants, ses frères, ses sœurs, et même à sa propre vie, il ne peut être mon disciple. Celui qui ne porte pas sa croix, et ne marche pas à ma suite ne peut être mon disciple « (Luc 14-26-28) « Quiconque parmi vous ne renonce pas à tout ce qui lui appartient, ne peut être mon disciple » (Luc 14)

Prière

Bienheureuse pauvreté, qui me permet Seigneur de me rencontrer

Dans le vide que creuse ma solitude, Tu peux entrer, Seigneur.

Alors ma contemplation devient Vie par ta Parole

Tu t'incarnes en moi et Te prier devient aimer !

Aimer devient Te connaître

Te connaître devient T'aimer davantage

T'aimer davantage conduit à accomplir Ta volonté !

Tout est grâce, et Toi, Seigneur, Tu multiplies les formes de Ta grâce

En Toi, dans Ton Amour fort et sûr, en Toi est toute Vie,

Tu possèdes tout, ainsi que la vie de tous les miens

Tu es mon tout, mon Seigneur et mon Dieu !

Gloire à Toi, Esprit Saint vainqueur de la mort.

À cause de ton amour si fort, viens remplir mon cœur

Combler le vide de cette séparation provisoire

d'avec ceux qui sont déjà partis vers Toi,

car Tu m'aimes et je t'aime

Gloire à ton amour pour nous ! Amen.

CHAPITRE 56

LA PAUVRETE : AVOIR FAIM DE DIEU

La pauvreté c'est accepter d'avoir faim, non du pain de cette terre, mais faim qui ne peut être apaisé que par le Seigneur. Jésus fut conduit au désert pour y être tenté : « Ordonne que ces pierres deviennent des pains, si Tu es le Fils de Dieu » Jésus répliqua : « Ce n'est pas seulement de pain que l'homme vivra, mais de toute Parole sortant de la bouche de Dieu » (Matthieu 4,3) C'est pourquoi, à certains moments de notre vie, la faim de notre corps apaisée régulièrement, nous ressentons une autre faim, un autre désir inassouvi en nous, c'est cet immense désir de Dieu, car nous avons été créés à l'image de Dieu. Cette image de Dieu en nous, demande à être comblée par la ressemblance à Dieu, qui ne peut venir que de Dieu Lui-même. C'est Lui qui a mis par son souffle, la vie en nous, afin que cette vie s'épanouisse en Lui. De charnel, comme nous le dit, saint Paul, nous devons devenir des « êtres spirituels » « en vivant de toute Parole qui sort de la bouche de Dieu »

C'est ce fossé entre Dieu infiniment Saint et nous, pauvres pécheurs qui provoque cette faim de Dieu en nous ; faim que parfois nous ne voulons pas voir, pas percevoir, car il nous faudrait changer notre façon de penser et tourner davantage nos regards vers notre Dieu qui a rempli l'immense fossé qui nous sépare de Lui, par l'humanité du Christ : Dieu fait homme... C'est l'abaissement de Notre Seigneur à notre état d'homme qui nous permet d'entrer en communion avec notre Dieu si Grand, si Puissant : « **EL SHADDAI** » comme disent les juifs. Ce Dieu si grand qui devient Serviteur : « Et moi Je Suis au milieu de vous comme celui qui sert » (Luc 22 27) Notre Seigneur infiniment grand s'abaisse pour servir, nous servir. Sa Parole nous nourrit, comme la Parole du Père nourrissait Jésus : « Quelqu'un lui aurait-il donner à manger » ! (Jean 4,33) Jésus précise auparavant : « J'ai à manger une nourriture que vous ne connaissez pas. » (Jean 4,32) Jésus alors leur dit : « Ma nourriture, c'est de faire la volonté de celui qui m'a envoyé et d'accomplir son œuvre. » (Jean 4 34) Nous voyons en Jésus cette faim de faire la volonté du Père et cette faim apaisée, car Jésus accomplit toujours la Volonté de son Père. Or en nous, être humain créé à l'image de Dieu, existe cette faim de Dieu. Parfois, nous essayons de faire taire cette faim en l'apaisant par des biens temporels de toutes sortes et la paix de Dieu n'est plus en nous.. Le combat existe entre cette faim, cette soif de Dieu mise en tout homme et le non-accomplissement de la Volonté de Dieu ; volonté de ce Dieu que nous connaissons déjà par cette semence sainte mise en nous ; nous accomplissons cette Volonté quand nous mettons en acte, la Parole.

La pauvreté c'est d'accepter de chercher le Seigneur qui peut Seul nous donner le pain qui apaise notre faim. « **Je Suis le Pain de Vie**. Au désert, vos pères ont mangé la manne et ils sont morts, Je Suis le pain Vivant qui descend du ciel » dit Jésus. (Jean 6,46-52)

Seul Dieu apaise cette faim, car cette faim, c'est le manque creusé par Dieu Lui-même, de sa Présence en nos vies. Le Seigneur nous aime tant, qu'IL ne nous laissera pas tranquille sur cette terre « IL frappe à notre porte « Il creuse notre cœur, car Lui le Seigneur veut nous combler et déverser en nous Sa Vie Divine. Lui seul est capable de nous donner la Vie, car IL est La Vie. IL était mort, mais IL est ressuscité et Vivant. C'est pourquoi devant notre indifférence, devant nos cœurs endurcis, le Seigneur est obligé parfois de prendre les grands moyens pour nous présenter l'abîme de Sa Miséricorde Nous voyons, dans les actes des apôtres le Seigneur venir Lui-Même favoriser l'écoute de la Parole qui est Vie : « Elle (Lydie) était toutes oreilles : **car le Seigneur avait ouvert son cœur pour la rendre attentive** » (Actes 16, 14) Oui, le Seigneur vient au secours de ses enfants pour combler en eux cette faim de Lui. « C'est l'Esprit qui vivifie, la chair ne sert de rien. Les Paroles que Je vous ai dites sont Esprit et Vie » (Jean 6,63)

La pauvreté est d'accepter que cette faim de Dieu soit comblée par les paroles de Jésus. Ne nous trompons pas de cible en essaye de combler cette faim par l'alcool, la drogue ou toutes sortes d'excès contraires de la Volonté de Dieu sur nous. Car la faim sera masquée, mais non apaisée. Nous sommes créés à l'image de Dieu, pour chercher Dieu et recevoir de Lui notre vie. Se détourner de Lui, c'est pécher. **« L'orgueil de l'homme commence quand il se détourne de Dieu, révolte son cœur contre Celui qui l'a créé, car le principe de l'orgueil, c'est le péché »** (Siracide 10,1)

CHAPITRE 57

LA GRANDE PAUVRETE

Une grande foule entourait Jésus pour l'entendre et se faire guérir de leurs maladies. Alors levant les yeux sur ses disciples Jésus dit : « **Heureux, vous les pauvres le Royaume de Dieu est à vous** » (Luc 6, 20)

La plus grande des pauvretés de notre siècle : est le manque de connaissance de Notre Dieu. L'évangélisation est la découverte de notre seule vraie richesse ici-bas : Dieu Amour ! La plus grande pauvreté de ce siècle est de croire que Dieu est mort, comme le disent certaines théories marxistes, ou bien que Dieu ne se préoccupe pas de son peuple, et par conséquent de vivre sans se préoccuper de Lui. Cette pauvreté nous a peut-être atteint à un moment de notre vie. La pauvreté selon le cœur de Dieu consiste à accepter d'avoir eu tort, et de regarder à nouveau le but que nous poursuivons. Nous qui sommes loin, cherchons-nous à connaître Celui qui nous a créés et recréés par son sang, en faisant de nous des fils adoptifs !... Notre plus grande faute est d'avoir accepté d'être séparé de Dieu, réduisant notre existence terrestre à une existence charnelle, soumise à une fin, malgré toute la philosophie, que nous avons pu déployer. Notre pauvreté attire Dieu, plus particulièrement dès l'instant, où nous prenons conscience justement, que sans Lui et sa grâce dont Il nous a comblés en son Bien Aimé Jésus Christ, nous étions déjà morts, bien que vivants sur cette terre. Car nous avons été créés pour être louange à la gloire de Dieu dans une bienheureuse éternité de délices, et si nous nous détournons de la grâce faite en Jésus Christ, nous ne pouvons plus participer en ce que nous n'espérons pas. Car nous dit l'apôtre Paul, et suivant la volonté de Dieu : « C'est en Lui (le Seigneur) encore que nous avons été mis à part, désignés d'avance, selon le plan préétabli de Celui qui mène toutes choses au gré de sa volonté, pour être, à la louange de sa gloire, ceux qui ont par avance espéré dans le Christ. C'est en lui que vous aussi, après avoir entendu la Parole de vérité, l'Evangile de votre salut, et y avoir cru, vous avez été marqués d'un sceau par l'Esprit de la Promesse, cet Esprit Saint qui constitue les arrhes de notre héritage, et prépare la rédemption du Peuple que Dieu s'est acquis, pour la louange de sa gloire. (Ephésiens 1, 11-14)

Accepter de se voir pauvre, c'est accepter sa condition d'homme soumis à la volonté d'amour de notre Dieu. Alors que bien souvent, nous désirons « tout maîtriser. » Je ne comprends pas encore disent certains, car en ce domaine, la technique n'est pas encore assez avancée !... « Voilà la réflexion de l'homme qui veut faire sa vie tout seul et a peur de reconnaître ses propres limites humaines. Mais l'homme qui se soumet sans comprendre à la Volonté du Tout Puissant, cet homme-là malgré ses limites, malgré son péché, découvre l'Amour Créateur, qui veut le diviniser. À la place de sa pauvreté reconnue, il découvre la Miséricorde de Dieu, qui, à cause de son immense Amour pour les hommes, nous donne la Vie avec le Christ. C'est cela le don de Dieu. L'extrême richesse de l'homme : c'est avoir accès au cœur de Dieu : ce Royaume donné aux pauvres, que Dieu remplit de sa grâce. Au chapitre 2 de l'épître aux Ephésiens, Paul nous dit en termes embrasés l'immense richesse à laquelle nous avons accès par Jésus Christ. Voulez-vous être pauvre selon le cœur de Dieu ? Voulez-vous être louange à sa gloire dès maintenant et à jamais ? Voulez-vous avoir faim et soif du Dieu Vivant ? Il n'est aucune richesse sur la terre qui puisse rivaliser avec le don de Dieu aux hommes de bonne volonté. Jésus, Lui est Fils de Dieu par nature, nous sommes fils de Dieu par adoption, à cause du sang du Fils de l'Homme.

L'Evangélisation doit se faire par la Puissance de L'esprit. L'accueil des charismes nécessaires à l'annonce du Seigneur, ne peut se faire sans la pauvreté de cœur, qui doit animer notre zèle à annoncer l'Evangile, car cette pauvreté nous rend dépendants de Dieu. « Sans Moi vous ne pouvez rien faire » dit Jésus qui vient alors remplir le cœur des faibles serviteurs que nous sommes. N'oublions jamais que nous sommes appelés à dire, à semer et non à convaincre ! « Je suis chargé de vous le dire » disait Bernadette de Lourdes. Nous sommes chargés de dire Dieu à tous ceux qui nous entourent, même si notre présence ou nos dire provoquent des rejets. Accepter d'être rejeté à cause de la Parole de Dieu fait partie aussi de la pauvreté à accepter de ne pas être accueilli et aimé. Nous sommes envoyés « comme des brebis au milieu des loups » « Le serviteur n'est pas au-dessus du maître, comme ils m'ont rejeté, ils vous rejetteront aussi » Le Seigneur nous a averti et même promis déjà une grande récompense dans le ciel. « Heureux êtes-vous lorsque les hommes vous haïssent, lorsqu'ils vous rejettent et qu'ils insultent et proscrivent votre nom comme infâme, à cause du Fils de l'Homme. Réjouissez-vous ce jours-là, et bondissez de joie, car voici votre récompense est grande dans le ciel » (Luc 6, 22) Cette 4eme béatitude fait suite à « heureux vous les pauvres « elle en est comme l'explication car si la pauvreté nous fait accueillir Dieu et son Royaume, l'évangélisation nous fait annoncer ce Royaume à tous les pauvres de cœur, c'est-à-dire ceux qui ont le cœur suffisamment simple pour accueillir Jésus, le Messie : Celui qui nous parle du Royaume de son Père , où Il nous prépare une place ! Heureux sommes-nous si nous évangélisons malgré l'hostilité du monde ambiant. Seule la Puissance de l'Amour fait croître la Parole dans la liberté de celui qui la reçoit… Bien souvent, nous nous laissons paralyser par le respect humain. Nous n'avons pas cette pauvreté, de ne pas tenir compte de ce que les autres pensent de nous, en ayant uniquement le souci de savoir ce que Dieu pense de nous ! Faire la volonté de Dieu, c'est chercher à faire ce que Dieu veut pour nous dans le « présent » et uniquement sous son regard. Nous sommes au Christ, nous avons l'Esprit du Christ. Laissons le Christ vivre en nous et par nous. L'important ce n'est pas que nous soyons pauvres, l'important c'est que Dieu compte sur nous, et nous donne la grâce du moment, pour Le recevoir et Le donner, ce qui implique que nous cherchions Dieu avec constance et assiduité chaque jour ; que nous cherchions Dieu Seul et non nous-mêmes.

La pauvreté va de pair avec l'humilité. L'humilité ne peut se séparer de l'Amour... Par la pauvreté nous attirons Dieu, par l'humilité nous le gardons ; Par l'Amour nous Le donnons.

La pauvreté est un moyen indispensable pour recevoir l'Amour, car : « le Seigneur renvoie les riches les mains vides » (Luc 1 53) mais IL remplit le cœur des pauvres et les comble de ses biens. Le bien de l'Amour, c'est l'Amour. C'est pourquoi le premier des commandements : c'est aimer Dieu, c'est-à-dire faire Sa Volonté et le deuxième : aimer son prochain, c'est exercer envers lui, le même amour et la même miséricorde que le Seigneur exerce envers nous. Le Seigneur nous accueille dans notre pauvreté, car Il nous aime. Accueillons l'autre dans sa pauvreté particulière, car le Seigneur l'aime aussi.

Le Seigneur Jésus se définit lui-même comme le Bon Pasteur qui court chercher sa brebis perdue ; qui ramène les brebis sur leur terre et qui fait paître son troupeau avec justice. Réjouissons-nous devant tant d'amour ! « Soyons toujours joyeux et prions sans cesse »

CHAPITRE 58

HEUREUX QUI ECOUTE LE SEIGNEUR

Heureux l'homme, celui-là qui met dans le Seigneur, sa confiance (Psaume 40-5)
Heureux qui garde mes voies (Proverbes 8-32)

Heureux celui qui écoute le Seigneur Son Dieu, Lui qui désire son bonheur. Le Seigneur a donné dix Paroles à Moïse, que nous appelons commandements pour nous faire vivre selon son Cœur.

1) JE SUIS le Seigneur ton Dieu, qui t'ai fait sortir du pays d'Egypte, de la maison d'esclavage.
2) Tu n'auras pas d'autres dieux que Moi.
3) Tu n'invoqueras pas le Nom du Seigneur ton Dieu, pour le mal,
4) Observe le jour du Seigneur comme un jour sacré, selon l'ordre du Seigneur ton Dieu.
5) Honore ton père et ta mère, comme te l'a commandé le Seigneur ton Dieu
6) Tu ne commettras pas de meurtre.
7) Tu ne commettras pas d'adultère.
8) Tu ne commettras pas de vol.
9) Tu ne porteras pas de faux témoignage contre ton prochain.
10) Tu ne convoiteras pas le bien de ton prochain

Ces commandements que Je te donne aujourd'hui resteront dans ton cœur. Tu les rediras à tes fils » (Deutéronome) **« C'est Moi, le Seigneur Ton Dieu que tu craindras** » (Deutéronome 6-13)
« Mais mon peuple n'a pas écouté Ma Voix....ah si mon peuple m'écoutait !... » (Psaume 81) Jésus, le Fils aîné dira : « Je ne suis pas venu abolir la loi, mais

l'accomplir » (Matthieu 5-17)   IL résumera les commandements donnés à Moïse : **« Tu aimeras le Seigneur ton Dieu de tout ton cœur, de toute ton âme, de toute ta pensée. C'est là, le grand, le premier commandement. Un second est aussi important : tu aimeras ton prochain comme toi-même. De ces deux commandements dépendent toute le loi et les prophètes »** (Matthieu 22,37)
Heureux celui qui écoute la voix du Seigneur et respecte les commandements. C'est cela la crainte de Dieu, le respect et l'adoration de notre Seigneur. La vie sur terre n'est que le prélude de la vie avec Dieu dans sa plénitude. Ici bas, nous Le cherchons dans la foi. Dans le Royaume nous Le verrons tel qu'IL EST. Nous sommes tous invités au festin du Royaume, mais rappelons-nous que c'est nous qui décidons d'écouter le Seigneur ou de refuser le chemin qu'il nous propose. Puissiez-vous entendre :

« Heureux l'homme qui prendra son repas dans le Royaume de Dieu » (Luc 14-15)

Quand je dis « Notre père qui es au Cieux, que Ton Nom soit sanctifié, que Ton Règne vienne, que Ta Volonté soit faite sur la terre comme au ciel. » je proclame que la volonté de Dieu sur la terre comme au ciel, c'est le bonheur pour l'homme. C'est pourquoi celui qui cherche son bonheur en dehors du Seigneur se perd. **« Qui veut sauver sa vie, la perdra, mais qui perdra sa vie à cause de Moi, dit Jésus, la sauvera «** (Jean 12-24)

Celui qui veut suivre Jésus, doit se renoncer c'est-à-dire renoncer à vivre selon sa volonté égoïste et prendre sa croix comme l'a dit Jésus qui lui-même a renoncé à toute gloire pour nous sauver. IL s'est abaissé jusqu'à nous, afin de nous élever jusqu'à Lui, et nous faire partager sa propre vie divine : Sa Joie Eternelle. L'écoute de la Parole de Dieu nous fait entrer dans la grâce. Plus nous recevons cette grâce, plus nous n'avons qu'un seul désir faire la joie de notre Père en vivant comme de vrais fils de Dieu. Jésus a dit qu'IL était la porte du Royaume et comment accéder à ce bonheur éternel : « Quelqu'un dit à Jésus : « Seigneur n'y aura-t-il que peu de gens qui seront sauvés ? IL leur dit alors : « Efforcez-vous d'entrer par la porte étroite, car beaucoup, Je vous le dis, chercheront à entrer et ne le pourront pas. Après que le maître de maison se sera levé et aura fermé la porte, quand restés dehors, vous commencerez à frapper à la porte en disant « Seigneur ouvre-nous « et qu'IL vous répondra « Je ne sais pas d'où vous êtes, alors vous vous mettrez à dire : nous avons mangé et bu devant Toi et c'est sur nos places que Tu as enseigné ; et il vous dira Je ne sais pas d'où vous êtes. Eloignez-vous de moi, vous tous qui faites le mal » (Luc 13-23)

Nos péchés nous éloignent de Dieu, mais notre conversion, notre renoncement à nous-mêmes, nous fait suivre Jésus, notre Unique Sauveur. Dans le mariage ou dans le célibat, nous sommes tous amenés à vivre sous le regard de Dieu, pour notre plus grande Joie. Mais n'oublions jamais que c'est au prix de la croix du Christ que nous pouvons accéder au Cœur Miséricordieux de Dieu. *« Ce n'est pas pour rire que je t'ai rachetée »* dira Jésus à sainte Angèle de Foligno. Goûtons le pardon de Dieu aujourd'hui, car il est nécessaire de se tourner d'un cœur contrit, comme le bon larron, vers Dieu, pour avoir part à Sa Miséricorde. La grâce du salut est pour nous, aujourd'hui, et nous ne savons pas si demain nous sera donné de vivre. Saint Augustin disait : *« Dieu nous a créés sans nous, mais IL ne nous sauvera pas sans nous »* Si nous voulons entrer dans la joie de notre maître et Seigneur, n'oublions pas ce que Jésus a dit de sa venue dans la gloire avec la cohorte de ses anges : **« Quand le Fils de l'homme viendra dans Sa Gloire, accompagnés de tous les anges, alors, IL siègera sur son trône de Gloire.** Devant Lui seront rassemblées toutes les nations, et IL séparera les hommes, les uns des autres, comme le berger sépare les brebis des chèvres. IL placera les brebis à sa droite et les chèvres à sa gauche. Alors le roi dira à ceux qui sont à sa droite : « Venez les bénis de mon père, recevez en partage le Royaume, qui a été préparé pour vous depuis la fondation du monde. Car j'ai eu faim et vous m'avez donné à manger ; j'ai eu soif et vous m'avez donné à boire ; j'étais un étranger et vous m'avez recueilli ; nu et vous m'avez vêtu ; malade et vous m'avez visité ; en prison et vous êtes venu à Moi. » Alors les justes lui répondront : quand nous est-il arrivé de Te voir affamé et de Te nourrir, assoiffé et de Te donner à boire. Quand nous est-il arrivé de Te voir étranger et de Te recueillir, nu et de TE vêtir. Quand nous est-il arrivé de TE voir malade ou en prison et de venir à Toi. Et le Roi leur répondra : « En vérité, JE vous le déclare, chaque fois que vous l'avez fait à l'un de ces plus petits, qui sont mes frères, c'est à Moi que vous l'avez fait. » (Matthieu 25-31ss)

CHAPITRE 59

HEUREUX QUI OBTIENT MISERICORDE

Dieu nous dit par le prophète Osée : « Je Suis Dieu et pas un homme ; au milieu de toi, Je Suis le Saint et Je ne viendrai pas avec fureur » (Osée 11,9). Nos péchés ont irrité le Seigneur. Nos transgressions ont blessé son Cœur. « *J'ai mis des enfants au monde, dit le Seigneur et ils m'ont oublié. Je les ai comblés et ils m'ont abandonné.* » « J'étais pour eux comme celui qui élève un nourrisson tout contre sa joue. Je me penchais sur lui et Je lui donnais à manger. » (Osée 11,4) « Une femme oublie-t-elle l'enfant qu'elle nourrit, cesse-t-elle de chérir l'enfant de ses entrailles ? même s'il s'en trouvait une pour l'oublier, Moi, Ton Dieu, Je ne t'oublierai jamais. Vois donc, Je t'ai gravé sur la paume de mes mains » (Isaïe 49,15-16) Adorons cet amour infini qui s'appelle Miséricorde !

Mon Dieu que ta Miséricorde tombe sur nous tous ! Nous espérons en Toi et nous ne serons pas déçus. Dans cet optique nouvelle et inouïe, nous pouvons lire la Parole de Dieu, non comme une menace, mais comme une réalisation de Sa Providence dans les évènements douloureux de notre vie. « Tel sera l'Avènement du Fils de l'homme... Heureux celui qui sera prêt et qui ira avec son Seigneur dans un enlèvement extraordinaire, selon la parole de Paul. Dieu n'agit pas selon nos méthodes, mais selon son plan de Vie. Sa création révèle Sa splendeur. Notre salut va se révéler grandiose et puissant, au travers de toutes les destructions, catastrophes, tremblements de terre, feu ou cataclysmes. Nous serons nus devant Dieu, et seulement riches de son Amour. Le Seigneur sera là et « **celui qui invoquera son Nom, sera sauvé.** » La dernière bouée de sauvetage est le Nom du Seigneur, le Nom au dessus de tout nom. Le jugement de Dieu est la Sainteté de Dieu même ! Qui peut résister devant l'éclat de notre Dieu Saint ? L'apôtre Paul nous a dit que « c'est par pure grâce que nous sommes sauvés » C'est pourquoi notre très faible amour n'est juste que la passerelle vers la plénitude de cet Amour.

Avez-vous donné un verre d'eau, Dieu vous offre une source intarissable.

Avez-vous donné un peu de pain, Dieu s'est donné en Pain de Vie Eternelle.

Avez-vous accueilli un enfant, Dieu vous accueille comme son fils, sa fille…

Avez-vous visité quelqu'un en prison, Dieu est votre forteresse contre l'ennemi.

Avez-vous donné un vêtement, Jésus lui-même sera votre vêtement.

Avez-vous donné votre pardon, Dieu se fait lui-même don et pardon.

Avez-vous enfin peur de mourir, Jésus est votre vie aujourd'hui, demain et toujours.

Alors les Béatitudes que Jésus prononçait au futur, verront alors leur réalisation dans notre présent éternel. En effet Jésus avait dit : « Heureux les doux, car ils possèderont la terre… » Donc ce sera maintenant :

« **Heureux les doux, ils possèdent la terre…**

« **Heureux les affligés, ils sont consolés.**

« **Heureux ceux qui ont faim et soif de justice, car ils sont rassasiés.**

« **Heureux les miséricordieux, ils obtiennent miséricorde.**

« **Heureux les cœurs purs, ils voient Dieu.**

« **Heureux les pacifiques, car ils sont appelés fils de Dieu. »**

Jésus nous a lavés de nos péchés par le Sang de sa Croix. Satan a été vaincu par la mort et la Résurrection du Christ. A Lui la Gloire Eternellement. Tout est sous la souveraineté de notre Dieu. L'Amour de Dieu vaincra à la fin. C'est notre extraordinaire espérance ! Cependant celui qui refusera de reconnaître en Jésus Christ, son Sauveur, verra la colère de Dieu. Nous ne savons ni le Jour, ni l'heure de cette seconde venue de Jésus avec la cohorte des anges, dans la Gloire, mais il semblerait, à cause de la réalisation de certaines prophéties, qu'elle soit proche.

David Wilkerson, aujourd'hui décédé, a été poussé par le Saint Esprit à avertir tous ses amis et connaissances « d'une calamité qui va être dévastatrice pour la terre. Elle est sur le point de se produire. Cela va être tellement effrayant que nous allons tous trembler même les plus forts spirituellement » Parmi mes connaissances, un prêtre catholique a été averti par le Seigneur qu'il ne mourrait pas avant de voir cette Pentecôte d'amour, prémices du retour du Christ. Or il est déjà âgé. Je pourrai ajouter encore deux autres témoignages sûrs de deux pasteurs, mais n'oublions pas que le Seigneur Jésus nous a déjà averti « de nous tenir prêts » Par conséquent notre conversion est pour aujourd'hui, pas pour demain, car je ne sais pas si demain viendra pour moi. « Dans l'Ecriture, il est dit « C'est aujourd'hui le salut » Ne remettons pas à demain notre véritable conversion. C'est à genoux qu'on entre dans le royaume. Tenons-nous prêts dans l'assurance que Dieu fera tout « concourir au bien de ceux qui l'aiment » selon la parole de saint Paul. Ainsi nous n'avons rien à craindre du jugement et nous passerons revêtus de l'Amour, « de la mort à la Vie » Alléluia ! Dieu soit béni éternellement !...

« Frères, vous qui attendez avec tant d'impatience la venue du jour de Dieu (ce jour où les cieux embrasés seront détruits, où les éléments en feu se désagrégeront). Car ce que nous attendons, selon la promesse du Seigneur, c'est un ciel nouveau et une terre nouvelle où résidera la justice. Dans l'attente de ce jour, frères bien-aimés, faites donc tout pour que le Christ vous trouve nets et irréprochables, dans la paix. Et si notre Seigneur montre une telle patience, croyez bien que c'est pour votre salut. Alors, mes bien-aimés, vous voilà prévenus ; prenez-y garde : ne vous laissez pas entraîner dans les égarements d'hommes dévoyés, et ne perdez pas la position solide qui est la vôtre. Mais continuez à grandir dans la grâce et la connaissance de Jésus Christ, notre Seigneur et notre Sauveur. À lui la gloire, dès maintenant et jusqu'au jour de l'éternité. Amen. (seconde lettre de saint Pierre Apôtre : Attendre activement le jour du Seigneur (2Pierre 3, 12-15a.17-18) « Puisque toutes ces choses se dissolvent ainsi, quels ne devez-vous pas être par une sainte conduite et par les prières, attendant et hâtant l'avènement du Jour de Dieu, où les cieux enflammés se dissoudront et où les éléments embrasés se fondront. Ce sont de nouveaux cieux et une terre nouvelle que nous attendons selon sa promesse, où la justice habitera. C'est pourquoi, très chers, en attendant, mettez votre zèle à être sans tache et sans reproche, pour être trouvés en paix… Vous donc, très chers, étant avertis, soyez sur vos gardes, de peur qu'entraînés par l'égarement des criminels, vous ne veniez à déchoir de votre fermeté. Mais croissez dans la grâce et la connaissance de notre Seigneur et Sauveur Jésus Christ : à lui la gloire maintenant et jusqu'au jour de l'éternité ! Amen. (2 Pierre 3, 11-18)

Il nous faut accueillir les calamités comme des signes du jugement. Même si le monde s'écroule, Dieu tient tout dans sa main. Rappelons-nous les paroles de Jésus et attendons avec confiance dans la paix de Dieu, le Jour Glorieux du Seigneur. Mais, heureux ceux qui mettent leur confiance en Dieu. Quant à moi,

MA JOIE, C'EST LE SEIGNEUR

MON CRI DE GUERRE, C'EST DIEU MA JOIE !

MA CUIRASSE, C'EST LE SANG DE JESUS

MON REMPART CONTRE L'ENNEMI, C'EST LA JOIE DE DIEU

MON CRI DE VICTOIRE, C'EST JESUS RESSUSCITE

MON BONHEUR, C'EST DIEU AVEC MOI

Monique Maury

8 avril 2014

Note *Le nom du Seigneur révélé à Moïse est   YHWH   Ce nom sacré se prononce Yahwé.*

Heureux comme Thomas

SOMMAIRE

Chapitre 1	Qui nous fera voir le bonheur ?..	page 3
Chapitre 2	Destinés au bonheur...	page 5
Chapitre 3	Je vous annonce une grande joie..	page 7
Chapitre 4	la source de la joie est dans le Seigneur.................................	page 9
Chapitre 5	Ma joie sera de les combler..	page 11
Chapitre 6	La joie du don de la vie...	page 13
Chapitre 7	La joie d'être aimé par Dieu...	page 15
Chapitre 8	La joie d'être sauvés de la mort éternelle................................	page 18
Chapitre 9	La soif de Dieu...	page 20
Chapitre 10	Joie pour ceux qui cherchent Dieu...	page 22
Chapitre 11	Heureux comme Thomas...	page 24
Chapitre 12	Dans le Seigneur, la joie de notre cœur..................................	page 25
Chapitre 13	Jésus renonçant à la joie..	page 28
Chapitre 14	Heureux qui trouve son refuge..	page 30
Chapitre 15	Heureux qui est pardonné..	page 32
Chapitre 16	Heureux qui accueille l'Esprit...	page 34
Chapitre 17	Heureux êtes-vous si vous écoutez..	page 38
Chapitre 18	Il y a plus de joie dans le ciel...	page 45
Chapitre 19	La joie de voir Dieu..	page 48
Chapitre 20	Heureux es-tu Simon..	page 51
Chapitre 21	Heureux les cœurs purs...	page 54
Chapitre 22	Réjouis-toi Marie...	page 57
Chapitre 23	Heureux ceux qui pleurent...	page 60
Chapitre 24	Je cherche le bonheur...	page 63
Chapitre 25	Heureux les invités...	page 66
Chapitre 26	Ivres de joie..	page 69
Chapitre 27	Mon bonheur, c'est Toi...	page 72

Chapitre 28	Danser de joie	page 75
Chapitre 29	Ton règne de joie	page 78
Chapitre 30	Heureux ceux qui prient	page 81
Chapitre 31	Je vous donne ma Joie	page 84
Chapitre 32	Mettez un comble à ma joie	page 86
Chapitre 33	Heureux l'homme	page 87
Chapitre 34	Je suis désespéré !	page 89
Chapitre 35	A ceux qui pleurent	page 92
Chapitre 36	Le projet de bonheur	page 94
Chapitre 37	Joie du pardon donné	page 97
Chapitre 38	Louange chemin de joie	page 101
Chapitre 39	Heureux si on vous insulte	page 105
Chapitre 40	Veux-tu être heureux éternellement ?	page 109
Chapitre 41	J'irai vers l'autel du Seigneur	page 113
Chapitre 42	La Joie de l'Esprit Saint	page 115
Chapitre 43	La pauvreté selon Jésus	page 118
Chapitre 44	Heureux les pauvres de cœur	page 120
Chapitre 45	La Pauvreté selon le cœur de Dieu	page 122
Chapitre 46	Etre pauvre, c'est être désencombré	page 125
Chapitre 47	Etre pauvre : contemplation	page 126
Chapitre 48	Etre enseigné par l'Esprit Saint	page 128
Chapitre 49	Etre pauvre, accepter de traverser ses peurs	page 130
Chapitre 50	La pauvreté et le détachement	page 138
Chapitre 51	La pauvreté une disposition du cœur	page 140
Chapitre 52	Pauvreté et acceptation	page 143
Chapitre 53	Pauvreté jour après jour	page 145
Chapitre 54	Pauvreté un choix un moyen	page 150
Chapitre 55	Pauvreté chemin vers le Père	page 153
Chapitre 56	Pauvreté, avoir faim de Dieu	page 155
Chapitre 57	La grande pauvreté	page 158
Chapitre 58	Heureux qui écoute son Seigneur	page 162
Chapitre 59	Heureux qui obtient miséricorde	page 166

Oui, je veux morebooks!

I want morebooks!

Buy your books fast and straightforward online - at one of the world's fastest growing online book stores! Environmentally sound due to Print-on-Demand technologies.

Buy your books online at
www.get-morebooks.com

Achetez vos livres en ligne, vite et bien, sur l'une des librairies en ligne les plus performantes au monde!
En protégeant nos ressources et notre environnement grâce à l'impression à la demande.

La librairie en ligne pour acheter plus vite
www.morebooks.fr

OmniScriptum Marketing DEU GmbH
Heinrich-Böcking-Str. 6-8
D - 66121 Saarbrücken

Telefax: +49 681 93 81 567-9

info@omniscriptum.de
www.omniscriptum.de

www.ingramcontent.com/pod-product-compliance
Lightning Source LLC
Chambersburg PA
CBHW031710230426
43668CB00006B/177